Carmen Reiss
Orgasmus I – Die Biologie der Trennung

AF208810

Bitte beachten Sie, dass die chemischen Zusammenhänge und Hintergründe in diesem Buch zum besseren Verständnis vereinfacht dargestellt sind. Es wurden die neuesten wissenschaftlichen Erkenntnisse herangezogen, um Erklärungen für die wichtigen Themen des Glücks, der Sexualität, des sozialen Verhaltens, der Gewalt und der Liebe zu liefern.

Erklärungen waren in dieser Art und diesem Maße noch nie vorher in der Menschheitsgeschichte verfügbar, da es keine Möglichkeit gab, die physischen und chemischen Ursachen der Sucht, der Entfremdung, der Bindung, der Liebe und der Zufriedenheit zu erforschen. Im Bereich der Neurobiologie gibt es seit ca. einem Jahrzehnt ständig neue Entdeckungen und dieses Buch basiert auf dem gegenwärtigen Stand des Wissens im Jahr 2011.

Sollte es neue Untersuchungen zu diesen Themen geben, die die bisherigen Thesen und Befunde untermauern oder auch ihnen widersprechen, wäre ich sehr dankbar, wenn Sie mir diese für Neuauflagen zukommen ließen.

Dieses Buch besteht aus drei Bänden:

Orgasmus I
– Die Biologie der Trennung
Warum wir uns entlieben

Orgasmus II
– Das Karezza-Programm für die Liebe
Wie man die Biologie der Trennung überlistet

Orgasmus III
– Die Droge des Jahrtausends
Amoklauf Internetpornographie

Orgasmus I – Die Biologie der Trennung
1. Auflage 2011 © Carmen Reiss

Herstellung und Verlag: Books on demand, Norderstedt
Umschlaggestaltung: Carmen Reiss
Umschlagbild © Carmen Reiss

ISBN 3-8423-7934-3

Bibliographische Information der Deutschen Nationalbibliothek

Die Deutsche Nationalbibliothek verzeichnet diese Publikation in der Deutschen Nationalbibliographie; detaillierte bibliographische Daten sind im Internet über dnb.d-nb.de abrufbar.

Carmen Reiss

Orgasmus I
Die Biologie der Trennung

Warum wir uns entlieben
und wie man verliebt bleibt

Für all die Prinzen, die noch Frösche sind,
und all die Prinzessinnen,
die noch hinter der Dornenhecke schlafen.

Inhaltsverzeichnis

1. Vorwort

Dieses Buch besteht aus drei Bänden. Die Schwerpunkte sind je nach Buch verschieden. Wenn Ihnen etwas nach dem Lesen eines Bandes unklar ist, finden Sie weitere Details in den anderen beiden Bänden oder eventuell auf www.karezzaliebe.de.

Orgasmus I – Die Biologie der Trennung
Warum wir uns entlieben

Paare trennen sich heute mehr denn je. Die Scheidungsrate hat die 50%-Marke überschritten und die Trennungsrate bei unverheirateten Paaren ist astronomisch. Es gibt kaum noch Paare, die zusammenbleiben „bis dass der Tod euch scheidet". Die neueste neurobiologische Forschung liefert nun seit einigen Jahren Hintergründe zum Verständnis dieses jahrtausendealten Leidens der Liebenden und zeigt Wege aus dieser triebgesteuerten Misere auf.

In Orgasmus I wird das goldene Kalb unserer Zeit – der Orgasmus und seine biochemischen Auswirkungen – unter die Lupe genommen, und aufgezeigt, wie eine orgasmusgesteuerte Sexualität dafür sorgt, dass die Liebe immer schneller und gründlicher stirbt. Und welche biochemischen Mechanismen dem entgegenwirken, so dass mit diesem Hintergrund-Wissen nun endlich Hoffnung auf dauerhaft stabile und glückliche Partnerschaften besteht.

Orgasmus II
- Das Karezza-Programm für die Liebe
Wie man die Biologie der Trennung überlistet

„Karezza" (italienisch: Zärtlichkeit) ist das Synonym für eine Art der Sexualität, die uns zutiefst sexuell, seelisch und körperlich befriedigt und gleichzeitig dafür sorgt, dass unsere Beziehungen dauerhaft Bestand haben und dass die Liebe bleibt.

Karezza ist keine komplizierte Sexual-Lehre mit schwer erlernbaren Übungen, sondern eine ganz einfache neue Herangehensweise an den Sex in der Partnerschaft, die jeder durch dieses Büchlein lernen, ausprobieren und benutzen kann. Lassen Sie sich von den vielen positiven Effekten auf Ihr Leben, Ihren Körper und Ihre Beziehung überraschen!

Drei der wichtigsten Komponenten von Karezza sind:

1. Beide Partner verzichten auf den Orgasmus.
2. Der Geschlechtsverkehr findet in tiefer Entspannung statt.
3. Beide Partner möchten dem anderen selbstlos geben.

Um die bisherigen Bahnen der orgasmusgesteuerten Sexualität zu verlassen, benötigt man einen Neustart im Gehirn. Diesem Ziel ist der zweite Band der „Orgasmus"-Trilogie gewidmet.

Die Originalversion des Karezza-Programms für die Liebe finden Sie in „Das Gift an Amors Pfeil" von Marnia Robinson. Dort heißt es „Ekstatische Austauschübungen."

Orgasmus III
– Die Droge des Jahrtausends
Amoklauf Internetpornographie

Sex ist ein Leistungssport geworden, dessen Qualität an seiner Quantität gemessen wird. Und wenn die Quantität zählt, dann bedeutet „mehr" nur „häufiger"... Je öfter, desto besser der Sex. Je mehr Orgasmen, desto besser der Sex. Je mehr verschiedene Sex-Akrobatik, je mehr wechselnde Sexualpartner, desto besser der Sex. Je mehr Sexualpartner gleichzeitig, je mehr verschiedene Praktiken, je mehr Geschlechter man liebt (inzwischen gibt es laut Gender-Erklärung vier Geschlechter), desto besser der Sex. Was vor 50 Jahren noch als pervers galt, hat seinen Einzug in die Schlafzimmer der Industrienationen gehalten: Dildos, Fetische, Fesseln, Sado-Maso und Schlimmeres sind gesellschaftsfähig geworden. Nur vor der Pädophilie (Sex mit Kindern) macht die BRAVO noch halt, alles andere wird heute schon Kindern und Jugendlichen als gesunde Spielarten der Sexualität vermittelt.

Doch wo hört bei all diesen Spielarten das normale gesunde Verhalten auf und wo beginnt die Sucht? Band Nr. 3 der „Orgasmus"-Trilogie befasst sich mit der Rolle der Pornographie, speziell der Internetpornographie, im Szenario des Verfalls von sozialen Werten, der Erektionsstörungen und der Parkplatzsexspiele. Wie ist unser Belohnungszentrum mitbeteiligt an der Sucht nach dieser Droge des neuen Jahrtausends? Kann Onanieren krank machen? Welche Ursachen haben Pädophilie und andere Perversionen?

2. Das Verfallsdatum von Beziehungen

Bis vor ca. 50 Jahren war Ehe die einzige legale Form der Partnerschaft und hielt fast immer ein Leben lang. Die Gründe für eine Heirat waren oftmals eher ökonomische, wie z. B. die Absicherung der Frau und der Kinder, wenn dem Mann etwas zustoßen sollte. Heute ist der häufigste Grund für eine Eheschließung die Liebe und *trotzdem* gibt es heute weitaus mehr Scheidungen als früher. Warum ist das so?

Der Trend zeigt immer mehr und schnellere Trennungen und Scheidungen. Ungefähr jede zweite Ehe wird geschieden, oft überlebt die Beziehung schon das zweite oder dritte Jahr nicht. Die traditionelle Ehe ist im Aussterben begriffen. Für Beziehungen ohne Trauschein sieht es noch schwärzer aus, man spricht inzwischen nurmehr von „Lebensabschnittspartnern". Leider gibt es über die Trennungen von nicht-ehelichen Beziehungen keine Statistiken, aber schauen Sie sich in Ihrer Umgebung um: Wie viele Partnerschaften und Trennungen haben Sie selbst erlebt, wie viele haben Sie bei Bekannten, Freunden, Verwandten gesehen? Ehen tendieren dazu, noch die stabilste Form der Paarbeziehung zu sein. Gleichzeitig hat vor nur 50 Jahren die sexuelle Revolution schnelle Partnerwechsel und den One-Night-Stand gesellschaftsfähig gemacht und die Sichtweise auf die Sexualität vollständig verändert.

Sex ist ein Leistungssport geworden, dessen Qualität an seiner Quantität gemessen wird. Und wenn die Quantität zählt, dann bedeutet „besser" nur „häufiger"... Doch macht uns diese Art der schnelllebigen Partnerschaft und Sexualität denn wirklich glücklich? Oder hetzen wir nur dem nächsten sexuellen Erlebnis hinterher, um das Glück endlich zu finden, das uns irgendwo unterwegs verloren ging? Dr. William Lloyd schrieb um 1930 in seinem Buch „Karezza":

„Nur bei Karezza bleibt die Poesie [der sexuellen Vereinigung] vollständig erhalten, und nicht nur das, der Akt bekommt die Fähigkeit sich zu entwickeln, hin zu den feinsten Spielarten der künstlerischen und erfinderischen Verzückung. Nur dem Karezza-Liebenden ist die Kunst der Liebe in einem Sinn möglich, die diese Bezeichnung überhaupt verdient. Alle anderen beginnen die Darbietung damit, die Musik auszuschalten und den Wein fortzuschütten.

Doch da die Frauenbewegung wächst, bin ich sicher, Karezza wird zu seinem Recht kommen. Wenn Frauen dessen transzendente Bedeutung für ihr Glück und ihre Gesundheit erkennen, werden sie danach verlangen und alle Männer ablehnen, die dieser Forderung nicht entsprechen können. Das wird eine Kraft sein, der nichts entgegen steht.

Die Frau ist allein durch ihre Geburt die Königin der Liebe und wird ganz sicher ihr Erbe und ihre

Führungsaufgabe in dieser ihrer eigenen Sphäre und ihrem eigenen Reich übernehmen."

William Lloyd hoffte auf die Frauenbewegung, die auf ihre Art automatisch den Männern Karezza und die Glückseligkeit der Liebe und Sexualität nahebringen würde. Leider hoffte er umsonst. Die Frauenbewegung hat dem Fortschritt in Richtung Liebe nicht auf die Sprünge helfen können. Sie hat Karezza einfach übersehen. 80 Jahre nach Dr. Lloyds Buch hat die sexuelle Liberalisierung die Frau statt dessen immer mehr unter das Joch des Orgasmus gezwungen und liefert sie so sehr der trieb-gesteuerten Sexualität aus, dass sie inzwischen selbst glaubt, sie sei die Königin der Lust und nicht die Königin der Liebe.

Sie versucht nicht nur - und das mehr denn je – für den Mann sexuell attraktiv zu sein und verwechselt dabei sein Interesse an seiner eigenen Befriedigung mit dem Interesse an ihr. Zu allem Elend kopiert sie auch noch die männliche Sexualität und misst nun genau wie er sexuelle Erfüllung in der Menge und Intensität der Leistung, nämlich der Orgasmen. Auch die Anzahl der Sexualpartner, der verschie-denen Praktiken, der Fetische etc. nimmt an Bedeutung für ein „funktionierendes" Sex-Leben immer mehr zu. Oder die Lautstärke der Lustschreie...

Sie verwechselt ihre Suche nach Liebe mit der Suche nach der sexuellen Befriedigung. Hat sie nur schwer Orgasmen, fühlt sie sich minderwertig und wird versucht sein, sich mit Beckenbodentraining und Vaginalgymnastik zu trainieren: Klitorale, vaginale, multiple, Ganzkörper-Orgasmen von immer längerer Dauer sind das Ziel.

Dass so ein Orgasmus normalerweise nur höchstens ca. 30 Sekunden dauert, wirft die Frage auf: Wie werde ich die restlichen 57.530 Sekunden der 16 Stunden meiner wachen Zeit eines Tages glücklich? Wenn ich 10 Orgasmen an einem Tag hätte, käme ich auf 300 Sekunden Glück pro Tag, das sind 5 Minuten. Und es bleiben immer noch 57.300 nicht so recht glückliche Sekunden übrig. 15 h 55 min...Vielleicht ist die Lösung ja der Dauerorgasmus...

Wenn die Menge der Orgasmen der Maßstab für das menschliche Glück wäre, dann lebten wir im Himmel auf Erden, denn gerade Männer haben heute, angeregt durch die Schwemme allgegenwärtiger Bilder freimütiger Sexualität, mehr Orgasmen denn je. Frauen wollen nun endlich überhaupt möglichst immer beim Sex einen Orgasmus, und wenn es beim Sex nicht klappt, dann ist Onanieren das Mittel der Wahl, um das eigene Glück und Wohlbefinden herbeizuführen. Eigentlich leben wir also gerade im Zeitalter des höchsten und für jeden stets – im wahrsten Sinne des Wortes – greifbaren Glückes.

Und? Wie glücklich fühlen Sie sich? Was würden Sie antworten, wenn Sie Ihre *Vorstellung* vom Glück (Haus, Auto, viele Orgasmen etc.) außen vor lassen und einfach nur ihr *Gefühl* des Glücklichseins messen: Wie glücklich bin ich? Wie zufrieden und in meinem Leben ausgebreitet, wie genährt und getragen? Wie viele zwischenmenschliche Freuden erfahre ich täglich? Wie viel Liebe ist in meinem

Leben? Wie sehr macht mein Leben Sinn? Singt mein Herz den ganzen Tag vor Glück?

Uns wurde vermittelt, dass sexuelle Spannungen ein wichtiger Grund für Aggressionen und Frustrationen sind und dass wir diese Aggressionen und Frustrationen abbauen, indem wir unsere sexuellen Spannungen mittels Orgasmen auflösen. Befriedigt sind wir friedlich... Doch leider geht die Rechnung nicht auf: Im Zeitalter der sexuellen Befreiung gibt es in den Industrie-Ländern eine höhere Rate an Vergewaltigungen und Gewaltstraftaten als in der Zeitspanne vorher.

Wenn die Menge der Orgasmen der Garant für die menschliche Befriedigung und Zufriedenheit wäre, dann lebten wir im Paradies des Friedens. Das Gegenteil ist der Fall: Amokläufe, Gewalttaten, Kriege, Folter, Vergewaltigungen, rituelle Gewalt, Krisen und Aggressionen häufen sich.

Das liegt „natürlich" daran, dass die Menschen trieb-gestaut sind, also immer noch zu wenig Orgasmen und Sex haben, trichtern uns Medien, Wissen-schaftler, Psychologen und Ärzte ein, und das Heilmittel wäre dann logischerweise mehr und „besserer" Sex, was bedeutet: mehr und „bessere" Orgasmen.

Aber: Komischerweise fühlt es sich *immer* so an, als hätte man zu wenig Sex und zu wenige Orgasmen, egal wie viele man davon in sein Leben packt.

Was ist der Grund dafür?

3. Die alten Meister

Beobachtungen dazu gibt es schon seit Tausenden von Jahren. Viele spirituelle und religiöse Gruppierungen haben hier Entdeckungen gemacht und an ihre Eingeweihten weitergegeben. Man stellte fest, dass ein ungezügeltes Ausleben der Sexualität der Verbindung mit dem Göttlichen entgegen steht. Die katholische Kirche und andere religiöse Lehren schütteten das Kind mit dem Bade aus, indem sie den sexuellen Ausdruck insgesamt verteufelten und ihm strenge Restriktionen auferlegten. Sie predigen Askese und Selbstverleugnung und die Unterdrückung der Sexualität. Lediglich die Sexualität als Mittel zur Vermehrung der Gläubigen ist dort erlaubt und erwünscht.

Man hatte durch Beobachtung festgestellt, dass die sexuelle Liebe irgendeinen Dorn birgt, der den Ausübenden in Schwierigkeiten bringt. Man stellte fest, dass es durch ausschweifende Sexualität zu Energielosigkeit und anderen negativen Auswirkungen kam. Auch wurde es dann schwierig oder unmöglich, einem geistigen Weg zu folgen. Der Buddhismus nennt den Orgasmus „Tod des inneren Buddha". Und man schloss daraus, dass die alles überdeckende Energie ausgelebter Sexualität den Gläubigen unempfindlicher gegen die feinen spirituellen Energien werden ließ. Es sei deshalb besser, diese gröberen Energien zu meiden, damit der

Der tibetische Buddhismus zählt drei Möglichkeiten auf, Erleuchtung zu erlangen:

Askese – der Verzicht auf körperliche Lüste (Hinayana), **selbstlos dienen** (Mahayana) und **geheiligte Sexualität** (Vajrayana).

Laut der tibetischen „Legende vom großen Stupa" leben wir nun im degenerierten Zeitalter des Kali Yuga, wo es nicht mehr möglich ist, durch Askese, Dienen und Guruverehrung zur Erleuchtung zu gelangen. Nur noch das Vajrayana kann in der Endzeit des Kali Yuga zur Erleuchtung verhelfen.

Zugang zu den feineren erhalten bleiben kann. Teilweise predigte man in diesen Schulen völlige Enthaltsamkeit und das zölibatäre Leben.

Es gab aber auch einige Richtungen, die erkannten, dass man die sexuelle Energie für die spirituelle Entwicklung nutzen kann. Und dass ein Unterschied zwischen Sexualität und Orgasmus besteht. Viele dieser Schulen lehren normalerweise die Enthaltsamkeit des Mannes, manche lehren auch die Enthaltsamkeit beider Partner. Und Enthaltsamkeit heißt in diesem Fall nicht „sich der Sexualität enthalten", sondern die Sexualität meistern und sich des Orgasmus enthalten.

Die alten Meister konnten nur die *Ergebnisse* der Sexualität beobachten. Sie konnten daraufhin Theorien aufstellen und so Übungen entwickeln, die zu anderen Ergebnissen führten oder führen sollten. Trotz ihrer genauen Beobachtungen konnten sie von den Vorgängen im Körper nur ungefähre Vorstellungen haben.

Das ist heutzutage anders. Durch die neuesten Erkenntnisse der Gehirnforschung können wir einen Schleier lüften, der jeglicher Geistes-Lehre bisher großes Kopfzerbrechen bereitet hat.

4. Die Biologie der Trennung

Wissenschaft und Religion waren lange Zeit konkurrierende Heilslehren. Doch nun liefert die moderne Forschung wissenschaftliche Erklärungen für diese Auswirkungen von Sexualität und Orgasmus.

Der Dorn, der die orgasmische Sexualität zu einer heiklen Angelegenheit macht, sind biochemische Vorgänge im Gehirn. Der Kern dieser sexuellen Neurochemie ist das sogenannte Belohnungszentrum im Gehirn und seine verschiedenen Substanzen, die ausgeschüttet werden und für die es dort entsprechende Rezeptoren gibt. Ohne diese Substanzen und Rezeptoren würde sich ein Orgasmus nicht toller anfühlen als ein Niesen.

Die Entwicklung unseres Gehirns und des Belohnungszentrums liegt Jahrtausende zurück, als der Mensch in einer Umgebung lebte, in der kalorienreiche Nahrung rar und sexuelle Gelegenheiten selten waren. So gab es dann für wohlschmeckende Speisen und sexuelle Betätigung eine besonders intensive körpereigene Belohnung, um dem Menschen einen Handlungsanreiz zu geben, und damit einerseits das Überleben des Einzelnen und andererseits das Überleben der Spezies zu garantieren. Denn nur, was sich lohnend anfühlt, wird auch mit Hartnäckigkeit verfolgt. Und was sich besonders lohnend anfühlt, wird mit besonderer Hartnäckigkeit verfolgt.

Das Belohnungszentrum reagiert auch heute noch auf ganz bestimmte Stimulationen mit der Ausschüttung von körpereigenen „Drogen". Besonders starke Reaktionen gibt es deshalb im natürlichen Zusammenhang auf wohlschmeckende kalorienreiche süße Speisen, Gefahr und Risiken, Neuheiten - und Sex, bzw. Orgasmus. Der Stoff aus dem die neurochemischen Träume sind, heißt Dopamin. Süchtigmachende Substanzen wie Kokain und Heroin docken an den gleichen Rezeptoren an, die auch in natürlichen Zusammenhängen für die Ausschüttung von Dopamin verantwortlich sind. Im Grunde ist man nicht nach der jeweiligen Droge süchtig, sondern nach der körpereigenen Belohnung mit den selbst produzierten Stoffen und sucht Möglichkeiten, diese anzuregen.

Nun könnte so ein Schuss Dopamin ja einfach eine schöne Sache sein, wenn er nicht unangenehme Folgen hätte, die wir aber nicht als Folge des Dopamin-Hochs wahrnehmen, ja, als solche gar nicht bewusst wahrnehmen *sollen*. Die Auswirkungen des Dopamin-Hochs halten nämlich - beim Orgasmus als sogenannte Refraktärphase - nicht nur ein paar Minuten oder Stunden an, sondern kommen erst nach ca. zwei Wochen[1] zum ausbalancierten Normalzustand zurück. Das gilt für Frauen genauso wie für Männer. Erst nach dieser Zeitspanne sind wir für Reize wieder im selben Maße ansprechbar wie vor der „Initialzündung". *Während* dieser 14 Tage gibt es durch neurochemische

---

1   The endocrinology of sexual arousal, J Bancroft, The Kinsey Institute

Reaktionen und Gegenreaktionen ein Auf und Ab verschiedener Substanzen im Gehirn.

Das soll dafür sorgen, dass die Gehirnchemie wieder ins Gleichgewicht kommt, schickt uns aber auf eine Achterbahnfahrt der Gefühle, Körperreaktionen und Begierden. Körper, Geist und Seele sind gleichermaßen beeinträchtigt.

5. Himmelhoch jauchzend, zu Tode betrübt...

Nach dem kurzen heftigen Hoch des Orgasmus kommen sofort andere Botenstoffe ins Spiel, um den Pegel wieder auszugleichen. Gegenspieler ist hier vor allem Prolaktin. Und so kommt der Absturz früher oder später mit Müdigkeit und Antriebslosigkeit. Doch kaum ist der Tiefpunkt erreicht, jagt das Dopaminlevel wieder nach oben und beschert uns Gereiztheit und Aggressionen.

Und so geht es weiter: Uns erwarten zwei Wochen voller Stimmungsschwankungen zwischen unsensibler Ablehnung (Dopamintief) und gieriger Bedürftigkeit (Dopaminhoch), zwischen Kopfschmerzen (Tief) und Scheidenentzündungen (Hoch), zwischen null Libido (Tief) und unerträglichem Verlangen nach Sex (Hoch). Normalerweise folgt spätestens hier der nächste Orgasmus und der Zyklus beginnt von vorne. Das bedeutet, dass wir aus dem unbalancierten Bereich gar nicht bzw. niemals herauskommen.

Wenn wir jetzt im gleichen Achterbahnabteil säßen wie unser Partner oder unsere Partnerin, wären unsere Stimmungsschwankungen wenigstens synchron, das heißt: wir wären *gleichzeitig* müde oder aufgedreht oder bedürftig oder auf Abstand. Doch leider differieren die Intervalle bei Männern und Frauen, bzw. einzelnen Menschen sehr stark.

Beispiele

Dopaminhoch:
Konzentrationsschwäche
Aggressionen
Gereiztheit, „Zickigkeit"
Entzündungen
Hohe Libido
Heißhungerattacken
Überessen
Schlaflosigkeit
Verlangen nach Drogen,
     Sex, Alkohol, Nikotin
Unruhe, Alpträume
Panikattacken
Halluzinationen
Verfolgungswahn
Zwanghaftes Verhalten
Schizophrenie

Dopamintief:
Depression
niedrige Libido
Weinkrämpfe
Kopfschmerzen
Antriebslosigkeit
Appetitlosigkeit
wenig Selbstvertrauen
Entscheidungsschwäche
Müdigkeit
Muskelschmerzen
Zittern
Antisoziales Verhalten
Isolation
Parkinson

Normalerweise kommt der erste Absturz bei Männern schon sehr kurz nach dem Orgasmus (das „ich-dreh-mich-weg-und-schnarch"-Syndrom), bei Frauen dauert es eine Weile länger. So ist man z.B. dann im aufgedrehten Unruhehoch und fühlt sich bedürftig, während der Partner gerade im abgestumpften Energietief ist und auf Abstand geht.

Dass das mit dem Orgasmus zusammenhängen soll, kann man sich zunächst einmal nur schwer vorstellen. Vor allem weil die Auswirkungen soviel später erst auftreten. Aber machen Sie doch einfach mal zum Spaß als Test nach Ihrem nächsten Orgasmus täglich eine kleine Notiz im Terminkalender. Fangen Sie mit Tag 1 an und notieren Sie solche Sachen wie: „sauer", „müde", „Zukunftsängste", „zickig", „deprimiert", „kein Bock auf nix", „ich will Sex!", „zuviel gegessen" etc. Und nach einem weiteren Orgasmus fangen Sie wieder mit Tag 1 an und vergleichen...

Das Unterbewusstsein verbindet alle diese Momente des Unbefriedigtseins mit dem Partner, der einem das (scheinbar) angetan hat. Dass hier einfach verschiedene Bedürfnisse bestanden, die noch dazu durch die aus dem Lot geratene Gehirnchemie übersteuert waren, versteht das Unterbewusstsein nicht. Und so häufen sich die unangenehmen Momente und werden mehr und mehr mit dem Partner verknüpft. Am Ende ist man entfremdet und schon irritiert, wenn nur der Partner oder die Partnerin in die Nähe kommt. Das Unterbewusstsein erwartet quasi den nächsten „Angriff":

„Ich werd' sie nicht mehr los, sie will nicht geh'n,
Sag mir, wie regel ich das bloß?

Sie macht sich nicht vom Hof,
Nein, sie bleibt und nervt schon seit 'ner Ewigkeit
Und dabei würde ich doch jetzt
viel lieber ledig sein"

In diesem Lied von Sido („Sie bleibt") beschreibt er sehr lang und auch sehr lustig, wie deprimierend sich so eine erkaltete Partnerschaft anfühlt, obwohl er nicht einen einzigen wirklichen Grund nennt, warum ihn seine Partnerin nervt... Nichts, was sie *getan* hat, löst bei ihm diese Gefühle aus, er hat ihr nichts vorzuwerfen, außer eben dass sie „nervt"..:

„O.k., so wird das nichts,
ich muss mir was überlegen,
doch alles was mir grad einfällt,
würde sie nicht überleben.
Ich lass sie reden,
weil ich hoff', ihr geht der Atem aus
Und nur so für den Fall
heb' ich schon mal ein Loch
in unserm Garten aus."

In einer Studie zur Erforschung von Stress[2] entdeckten Dr. Kiecolt-Glaser und ihr Team, „dass die Personen mit erhöhten Stresshormon-Leveln in anderen Situationen diese Level nicht hatten." Sie sagt: "Soweit wir das sehen können, ist es nicht genetisch bedingt. Es sieht so aus, als würde diese Reaktion ausschließlich durch die Anwesenheit des Ehepartners hervorgerufen."

---

2   JK Kiecolt-Glaser et al., 1996, Department of Psychiatry, Ohio State University College of Medicine, Columbus 43210 (getestet wurden Adrenalin, Noradrenalin, Cortisol und ACTH = Corticotropin)

6. Die Evolution der Entfremdung

Dass gerade unser Partner solche Reaktionen hervorruft, ist evolutionsbiologisch sogar gewollt. Denn schließlich geht es nicht nur um das Überleben des Einzelnen, sondern vor allem um das Überleben der Gattung. Und das wird durch die genetische Vielfalt am besten sichergestellt. Genetische Vielfalt bedeutet, dass es möglichst viele Kombinationen von Genen verschiedener Menschen gibt. Das hat für die Gattung und die Gene zweierlei Vorteile: Erstens ist die Wahrscheinlichkeit größer, dass unter den Sprösslingen der eine oder andere ist, der in die jeweiligen Umwelteinflüsse optimal hineinpasst und überlebt. Und zweitens bedeutet das Überleben eines Menschen auch ein Überleben der Gene, die so die Chance haben, in die nächste Generation zu reisen. Was allerdings mit dem Gen-Spender passiert, ist für diesen Fortgang unerheblich und es ist den Genen auch egal – der Gen-Spender könnte auch direkt nach der Gen-Weitergabe sterben, was bei einigen Tierarten tatsächlich so ist.

Das Mittel, mit dem die Art Gen-Weitergabe erreicht wird, die vor allem der bunten Durchmischung dient, heißt Paarungsverhalten. Und das sieht bei Säugetieren üblicherweise so aus: Entdeckung eines potentiellen Sexualpartners, leidenschaftliche Verfolgung und Verführung, heftige Paarung mit mehreren Kopulationen, danach Desinteresse und – wenn vorhanden - Weiterwandern zum nächsten potentiellen Sexualpartner. Das dann so lange, bis keine neuen Sexualpartner mehr zu finden sind.

Ziel dieser Art von Paarung ist die Befruchtung. Der Orgasmus des Männchens garantiert die Weitergabe der Gene. Je mehr Orgasmen das Männchen hat, desto eher kommt es zur Befruchtung. Je mehr Orgasmen also die Weitergabe der Gene sichern, desto eher wird die Paarung beendet sein. Nach einer Anzahl solch heftiger Kopulationen kommt es zur Sättigung – ja zur *Über*sättigung. Wir haben dann nicht nur den Sex satt, sondern auch unseren Partner.

Bei Tieren ergibt sich dieses Desinteresse nach vollzogenem Akt auch deshalb, weil Tierweibchen nur zu bestimmten Zeiten empfänglich sind und Paarung außerhalb dieser Zeiten gar nicht zulassen. Außerdem senden sie außerhalb der Paarungszeit keine Botenstoffe aus, die sie für Männchen interessant machen würden. Macht man im Herdenverband lebende Affenweibchen durch Hormongaben dauerhaft empfangsbereit, nimmt die Paarungswilligkeit der Männchen nach einer Weile soweit ab, dass sie sich mit diesen Weibchen überhaupt nicht mehr paaren.[3] Vielleicht führt ja heutzutage gerade die ständige Verfügbarkeit der Frauen zu der besonderen Kurzlebigkeit moderner Beziehungen?

> *„Eiskalt - Stepp ich im Club mit meinen Jungs.*
> *Eiskalt - Alles gefriert um uns herum.*
> *Eiskalt – Tau mich auf Girl, ich will seh'n,*
> *Eiskalt - Kann ich deiner Hitze widersteh'n?*

---

3   R. P.Michael and D. Zumpe, "Potency in Male Rhesus Monkeys: Effects of Continuously Receptive Females"

Plötzlich sehe ich, wie heiß du bist,
Und ich spüre wie das Eis zerbricht.
Deine Kurven glüh'n im Discolicht,
Dein Körper kocht, doch du kriegst mich nicht!"
(aus dem Rap-Song „Eiskalt" von Culcha Candela)

Vielleicht fällt es Ihnen nach dem Lesen dieses Buches auf, dass besonders diejenigen Frauen in Ihrem Bekanntenkreis, die Sex in der Partnerschaft sehr mögen, auf schmerzvolle Geschichten ihres immer wieder gebrochenen Herzens und eine Reihe gescheiterter Beziehungen zurückblicken müssen. Es ist, als gäbe es für jedes Paar eine bestimmte Menge an Orgasmen, die der Bindung noch nicht grundlegend schaden, wenn man jedoch diese Anzahl erreicht hat, wird schließlich die Entfremdung ausgelöst.

Die vorübergehende Phase der sexuellen Anziehung ist für Menschen sehr unterschiedlich lang. Sie kann schon nach dem ersten Orgasmus vorüber sein, sie kann aber auch viele Monate dauern. Beim Menschen nennt man diesen Zeitraum die Flitterwochenphase. Wie kommt es, dass die Partner nach der Paarung nichts mehr voneinander wissen wollen, wo sie doch gerade so eine angenehme Erfahrung miteinander gemacht haben?

Psychologisch gesehen werden all die unangenehmen Nachwirkungen des Orgasmus mit dem Partner verknüpft. Dieser ist ja normalerweise *die* Person, die in der Nähe ist, wenn wir durch die Stromschnellen des nachorgasmischen Stress gerissen werden. Und der ist auch genau *die* Person, die wir loswerden sollen, um unsere evolutions-

Dr. Kiecolt-Glaser, die mit ihrem Team Stresssymptome und ihre Auswirkungen erforscht, beschäftigte sich vor ein paar Jahren mit den Effekten von kurzfristigem Stress. Um nicht aus Versehen die Effekte von langfristigem Stress zu messen, wählte ihr Team aus 2.200 frisch vermählten glücklichen Paaren die 90 glücklichsten aus. Bei diesen Paaren, die wunderbar zusammenpassten, gab es weder eine traumatische Familiengeschichte, noch Krankheiten, seelische, berufliche oder finanzielle Schwierigkeiten. Über ihre Partnerschaft berichteten sie, dass sie sehr glücklich miteinander seien. Die Frau Doktor machte dann also ihre Untersuchungen und zog Schlüsse bezüglich kurzfristigem Stress, doch sie stieß ganz nebenbei auch noch auf ein ganz anderes Phänomen:

Ab dem zweiten Jahr der Ehe begannen die Paare, sich nicht mehr so glücklich miteinander zu fühlen. Und im Laufe der Nachuntersuchungen stellte sie fest, dass sich 19 % ihrer perfekt zusammenpassenden Paare scheiden ließen.

Wenn man bedenkt, dass die allgemeine Scheidungsrate bei 50 % liegt, ist das sogar eine sehr gute Quote, und es beweist, dass die Auswahl des Forscherteams stimmig war. Dennoch weckt es Verwunderung, dass sich sogar von diesen „Traumpaaren" beinahe ein Fünftel wieder trennte.

biologische Aufgabe der Gendiversität erfüllen zu können.

So verändert sich auch der Partner in unserer Wahrnehmung. Wo er vorher nichts falsch machen konnte, kann er nachher nichts richtig machen. Wo sie vorher wie Rosen duftete, mag er nachher ihren Geruch nicht mehr – er kann sie nachher einfach nicht mehr riechen! Und vielleicht stimmt dies auch gehirnbiologisch, denn wo Rezeptoren sich aufgrund von Überstimulation verschließen, können auch wohltuende Geruchsbotschaften nicht mehr so ankommen wie vorher.

Leidenschaft wird in den Medien – in Filmen, Literatur und Werbung - immer so dargestellt, als würde sie Paare zusammenschweißen. Je heftiger und leidenschaftlicher der Sex, desto sicherer steht fest, dass man sich wirklich liebt und zusammenbleiben möchte. Doch das Gegenteil ist der Fall: Je heftiger und leidenschaftlicher der Sex, desto stärker die Gefühlsschwankungen, und desto stärker die nachorgasmische Ablehnung. Je heftiger, öfter und leidenschaftlicher der Sex, desto schneller erschöpfen wir unser sexuelles Verlangen für den anderen, desto schneller und endgültiger funkt uns das Paarungsprogramm dazwischen und wir bekommen das Gefühl, dass ein anderer Mann, eine andere Frau viel besser zu uns passen würde, als diese langweilige schwierige Person, mit der wir zur Zeit zusammen sind...

Leidenschaft schweißt uns nicht zusammen, sondern sorgt zunächst für Desinteresse am anderen und schließlich für Trennung. Es lässt sich auch feststellen, dass sich die Flitterwochenphasen mit der Anzahl unserer Sexualpartner verkürzen. Das bedeutet einerseits: Wer den ersten Partner heiratet, hat ein deutlich geringes Scheidungsrisiko.[4] Denn wenn es bei unserer ersten Liebe vielleicht noch Jahre dauert, bis die negativen Auswirkungen des leidenschaftlichen Sex so richtig zum Tragen kommen, so müssen wir andererseits mit zunehmender Lebens- und Sexerfahrung erkennen, dass die Flitterwochen immer schneller zu Ende sind. Dann sucht man nach Gründen, warum es sich nicht mehr so anfühlt wie früher und am Ende kommt man eben zu dem Schluss „Wir passen nicht zusammen".

Wie viele Paare kennen Sie, die sich getrennt haben, von denen Sie ganz objektiv sagen würden: „Na, die beiden passen doch eigentlich gut zusammen."? Natürlich gibt es auch Paare, die objektiv nicht so gut zusammenpassen, weil sie solche Dinge wie Lebensalter, Kulturkreis, Bildungsstand, familiäre Herkunft, finanzieller Hintergrund trennen. Aber selbst, wenn alle diese Hintergrund-Voraussetzungen[5] perfekt übereinstimmen, schützt das die Paare nicht vor der Entfremdung.

So wie es aussieht, gibt es kaum Möglichkeiten, dieser Entfremdung zu entgehen, egal wie gut man in Wirklichkeit zusammenpasst. Und niemand kommt auch nur im entferntesten auf den Gedanken, dass es gar nicht am Partner liegt, sondern an dem tollen Sex, den man doch immer miteinander hatte...

---

4   „Premarital cohabitation and the probability of subsequent divorce", 1992, John Haskey
5   Mehr dazu in Band 2 - Das Karezza-Programm für die Liebe

7. Paarung contra Bindung

Für die meisten Säugetierarten ist solch eine Entfremdung und die damit einhergehende Promiskuität (Sex mit vielen verschiedenen Sexualpartnern) in Ordnung, denn sie sind außerhalb der Paarungszeiten nicht an Sex oder teilweise sogar noch nicht einmal an engem Kontakt mit Artgenossen interessiert. Jedenfalls sind die allermeisten Säugetiere nach der Paarung nicht mehr am engen Kontakt mit dem Sexualpartner interessiert. Sie wollen es nicht und sie brauchen es auch nicht.

Es gibt jedoch einen kleinen Prozentsatz von sogenannten paarbildenden Säugetieren. Nur ca. 3 bis 5 % der Säugetier-Arten gehören dazu. Sie fühlen sich mit einem engen vertrauten Gefährten wohler als ohne. Eine dieser Arten ist der Mensch. Die „Paarbildenden" suchen sich einen Partner auf Lebenszeit, ziehen gemeinsam die Jungen groß und bleiben normalerweise monogam, z.B. sind männliche Präriewühlmäuse, die eine Partnerin haben, fremden Weibchen gegenüber aggressiv[6].

Die Präriewühlmäuse sind überhaupt ein gutes Beispiel, denn sie haben eine Besonderheit: Ihre – genetisch gleichen – Gebirgswühlmaus-Verwandten sind promiskuitiv und bilden keinen Paare. So untersuchen Forscher die Unterschiede zwischen beiden

---

6   Scott Edwards & David W. Self, Monogamy: dopamine ties the knot, published 2006, Nature publishing group

Arten, um der Paarbildung auf die Schliche zu kommen. Man hatte zunächst bei den paarbildenden Arten ein Gen gefunden, das die Entstehung bestimmter Rezeptoren im Gehirn anregt.

Nach neueren Forschungen gibt es ein „Treue-Gen" jedoch nicht, denn auch promiskuitive Arten haben es und bilden dennoch keine Paare. Entscheidend ist vielmehr die Dichte bestimmter Botenstoff-Andockstellen in bestimmten Gehirnbereichen. Diese Andockstellen heißen Rezeptoren, und für die Paarbildung sind – soweit bisher bekannt – vor allem die Stoffe Oxytocin und Vasopressin verantwortlich. Durch bestimmte Verhaltensweisen oder Auslöser werden diese Stoffe ausgeschüttet, und wenn nun genügend Rezeptoren an den richtigen Stellen im Gehirn diese Stoffe annehmen, führt dies zu einem wohligen Gefühl der Vertrautheit und Sicherheit. Diese Gefühle werden durch Wiedererkennen mit dem Partner gekoppelt.

Für die menschliche Gattung macht Paarbildung Sinn, weil der menschliche Säugling wegen des großen Gehirns quasi eine Frühgeburt ist. Er ist sehr lange sehr hilflos und kann deshalb mit mehr als einer einzigen Betreuungsperson viel besser überleben. Das wiederum sichert das Überleben der Gene und der Gattung. Damit das geschehen kann, hat uns die Natur also mit den passenden Rezeptoren ausgestattet. Und wie bei allen biologischen Funktionen, die dem Überleben dienen, tut uns das gut, was uns und unserer Gattung zum Überleben hilft. Wir wollen es, weil wir es brauchen.

Ein Beispiel: Menschliche Säuglinge lieben es, herumgetragen zu werden. Man kann dies als Relikt aus den Zeiten sehen, als die Möglichkeit, von einem Raubtier gefressen zu werden, sehr groß war. Ein alleingelassener Säugling hat keinerlei Chance, in so einem Fall zu flüchten. Also hat es die Natur so eingerichtet, dass sie es *wirklich* brauchen und sich viel besser entwickeln, wenn sie oft herumgetragen werden. Sie benötigen die Anregung all der Sinne, die dabei angesprochen werden - Tastsinn, Gleichgewichtssinn, Gesichtssinn, Gehörsinn, Geruchssinn – damit sich die dafür zuständigen Organe optimal entwickeln. Dies ist für einen Säugling ein körperlich fühlbares Bedürfnis - die Entwicklung seiner Organe ist ihm herzlich egal - und wenn er nicht getragen wird, fehlt die Stimulation. Das ist unangenehm und er drückt diesen Schmerz durch Schreien aus.

So auch das Bedürfnis nach einem bestimmten Partner. Alle paarbildenden Arten verbinden damit ein besonderes Wohlgefühl. Es wirkt entspannend, in vertrauter Nähe der geliebten Person zu sein, es unterstützt Heilungsprozesse und Stressabbau. Menschen, die in harmonischen Beziehungen leben, sind nicht nur glücklicher, zufriedener und sozialer, sondern sie sind auch gesünder, sie altern langsamer und leben länger. Eine Etablierung unseres Bindungsprogramms hat für uns gegenüber der Verfolgung unseres Paarungsprogramms entscheidende dauerhafte Vorteile, die sich in einer allgemein größeren Zufriedenheit zeigen.

8. Der Schmerz
der gebrochenen Herzen

Ein weiterer sehr offensichtlicher Vorteil einer dauerhaft glücklichen Paarbindung liegt auf der Hand: Wir vermeiden dadurch den Trennungsschmerz. Wer sich schon einmal mit der Qual eines gebrochenen Herzens herumschleppen musste, wünscht sich, so etwas nie *nie* wieder erleben zu müssen!

Doch was verbirgt sich eigentlich hinter Schlaflosigkeit, Angst und Traurigkeit, Rückzug aus dem sozialen Leben, Antriebslosigkeit, Appetitmangel, vermindertem Selbstwertgefühl, Suizidgefährdung, mangelnder Konzentration und Gedankenkreisen? All diese Symptome sind auch Symptome der Depression und können gehirnbiologisch gemessen werden.

Denn Trennungsschmerz ist nicht nur eine psychologische Dummheit, ein unnötiges Verhalten, das sich abtrainieren ließe, oder die Folge der eigenen Willensschwäche. Trennungsschmerz hat sehr reale körperliche Hintergründe in der Neurobiologie der Paarbindung.

Zum Beispiel haben Wissenschaftler beobachtet, dass bei körperlichem Schmerz und Liebeskummer die gleichen Gehirnareale reagieren. Diese Teile des Gehirns empfangen Signale der Schmerzrezeptoren und leiten diese an das Bewusstsein weiter.[7] Liebeskummer wird also vom Gehirn wie eine physische Verletzung gewertet und vom Körper sozusagen wie eine Wunde empfunden.

Trennungen führen auch deshalb zu echten körperlichen Schmerzen und Veränderungen im Gehirn, weil nach der Paarbindung Corticotropin Releasing Hormon (ACTH) vermehrt in einem Teil des Gehirns ausgeschüttet wird, der für Emotionen zuständig ist. Dieser Botenstoff wird normalerweise mit Stress in Zusammenhang gebracht. Bei verpaarten Präriewühlmäusen konnten Wissenschaftler der Universität Regensburg solch erhöhte Konzentrationen feststellen. Trotzdem zeigten die Tiere keine stressrelevanten Symptome. Trennte man jedoch die Paare, indem das Weibchen starb, änderte sich das sofort und die verwitweten Männchen zeigten eine der Depression vergleichbare Antriebslosigkeit. Sie hatten Liebeskummer...

Die Wissenschaftler manipulierten dann die Rezeptoren für Corticotropin Releasing Hormon, so dass es nicht mehr wirken konnte und die Antriebslosigkeit verschwand.[8] Anscheinend gibt es körpereigene Faktoren, die durch die Partnerschaft ausgelöst werden und die negativen Auswirkungen von „Stresshormonen" verhindern, bzw. abpuffern.

Das besonders Schlimme am Liebeskummer ist, dass man damit sehr oft nicht ernst genommen, sondern eher belächelt wird. Wenn man durch einen

---

7 Proc. Natl. Acad. Sci. USA 10.1073/pnas.1011615108, 2010
8 Dr./M.A. Rudolf F. Dietze, Referat II/2, Universität Regensburg 21.10.2008

Trauerfall einen geliebten Menschen verliert, wundert sich niemand, dass dieser Verlust schmerzt, dass man weint und depressiv ist, und es eine Weile dauert, bis man „wieder der Alte" ist. Beim Liebeskummer gibt es allenfalls gute Ratschläge wie „Wird schon wieder" oder „Andere Mütter haben auch schöne Söhne/Töchter" oder „Lass dich nicht so hängen, das ist es doch gar nicht wert". Aber ob es das wert ist oder nicht: Der Körper reagiert mit Schmerz...

9. Formen der Trennung

Man entschließt sich also aus guten und natürlichen Wohlfühlgründen, mit einem Partner zusammenzubleiben. Doch nach einer Weile des konventionellen Sex ist dann eben die Flitterwochenzeit vorbei. Tatsächliche Trennung ist die offensichtlichste Folge. Was ist nun aber mit den Paaren, die weiterhin zusammen sind? Was ist mit den Traumpaaren, mit den vielen glücklichen dauerhaften Beziehungen und Ehen, die uns umgeben?

Nun, zunächst sind es gar nicht so viele, wie wir uns im Zustand des eigenen Minderwertigkeitsgefühls vorgaukeln lassen möchten. Wir glauben ja gerne, dass die Beziehungen von anderen besser und glücklicher sind als die unsere, und dass es natürlich bei den anderen im Bett höher her geht als bei uns. Die Medien vermitteln das Bild der perfekten Partnerschaft wieder und wieder und die Formel lautet: „Schön, reich, (berühmt,) sexy, gesund, plus leidenschaftlicher Sex ohne Tabus" ergibt ...stabile Partnerschaften! Und doch stellen Forscher fest, dass die Formel nicht aufgeht.

Schauen wir uns deshalb die dauerhaften Beziehungen etwas näher an. Auch sie stehen unter dem Diktat der Biologie, so wie Menschen schon seit Tausenden von Jahren. Und seit Tausenden von Jahren haben Menschen bewusst oder unbewusst nach Möglichkeiten gesucht, um die Biologie der Trennung auszugleichen. Sie haben nach Möglich-

Die drei Formen der Trennung

Zölibat:
Sexualität wird ganz vermieden.
Entsprechung ist die sexlose Ehe

Polygamie/Polyandrie:
Sexualität wird mit mehreren
Partnern gelebt.
Entsprechung ist die moderne
„offene" Beziehung.

Räumliche Trennung:
Die Geschlechter leben getrennt in
Männer- und Frauenhäusern.
Entsprechung ist die Fernbeziehung
oder getrennte Haushalte.

keiten gesucht, glücklich zu sein. Um den Qualen der Triebe zu entgehen, reichen die Lösungen vom Zölibat bis zum Harem. Auch Polygamie (Vielweiberei) im Patriarchat oder Polyandrie (Vielmännerei) im Matriarchat war eine dieser Lösungen, die häufig in Stammesgesellschaften zum Tragen kam. Oder man formte Gesellschaften, wo die Paare nicht zusammenleben, sondern getrennt in Frauen- und Männerhäusern, um so der gegenseitigen Gewöhnung und Ablehnung zu entgehen.

Alle diese „Lösungen" findet man bei genauem Hinsehen auch in unserem Kulturkreis, bzw. in den einzelnen Beziehungen wieder. Wenn man innerhalb der Instinkte des Paarungsverhaltens bleibt, gibt es auch für uns keine anderen Lösungen als Zölibat, Polygamie/Polyandrie oder räumliche Trennung. Das geschieht bei einzelnen Paaren etwas versteckter als bei ganzen Kulturen.

- Das *Zölibat* entspricht der sexlosen Ehe. In sehr vielen dauerhaften Beziehungen verschwindet die sexuelle Anziehung, die Paare haben jahrelang keinen Sex miteinander (oder extrem selten[9]). Normalerweise verlieren die Frauen das Interesse am Sex, wohingegen die Männer das Interesse an Zärtlichkeiten verlieren.[10]

  „Was ist der Unterschied zwischen Sex und Weihnachten?" - „Weihnachten ist öfter."

---

9   Der normale Durchschnitt bei Paaren, die schon länger verheiratet sind, ist einmal pro Woche bis einmal im Monat. „Extrem selten" bedeutet also *sehr* viel seltener.
10 Siehe Studie von Dr. Dietrich Klusmann

- Die *Polygamie/Polyandrie* entspricht der „modernen offenen" Beziehung. Bei diesen Beziehungen hat einer der Partner oder haben beide sexuelle Begegnungen außerhalb der Beziehung, während der Partner davon weiß und dies akzeptiert. Oder der Partner „weiß" es nicht, ahnt es aber, möchte sich nicht trennen und akzeptiert es so in gewisser Weise. Die Beziehung mit dem Gang in den Swingerclub aufzupeppen, gehört hierzu, ebenso wie Fremdgehen oder gleichzeitige Beziehungen mit mehreren Partnern.

- Die *räumliche Trennung* findet bei uns sehr oft berufsbedingt statt oder wird in Fernbeziehungen praktiziert. Hierzu gehört auch, wenn ein Partner in einer anderen Stadt arbeitet oder studiert, auf Montage muss oder Aufträge im Ausland bekommt, wodurch längere Zeit kein Treffen stattfinden kann. Es gibt sehr viele Paare, die zwar zusammen sind, aber in getrennten Haushalten leben. Sogar manche verheirateten Paare wählen diese Beziehungsform. Auch wenn die Sexualität der Paare z.B. durch Arbeitsüberlastung, Krankheitsgründe oder wegen der Kinder unterbunden wird, handelt es sich um eine versteckte Form der räumlichen Trennung.

Lässt sich mit diesen Lösungen die Entfremdung wirklich so ausgleichen, dass erstens die Partnerschaft und zweitens die Zufriedenheit der beiden Partner erhalten bleibt? Oft geht es so eine ganze Weile gut und eine tatsächliche Trennung wird vermieden. Mit den oben genannten Methoden bleibt oft auch die Liebe und die Freude aneinander wenigstens soweit erhalten, dass man zusammenbleiben kann.

Dennoch erkennt man bei den meisten Dauer-Paaren, wenn man sie genau beobachtet, Zeichen der Entfremdung und der Bitterkeit. Achten Sie einmal darauf: Wie viele Paare sprechen voller Respekt und Achtung vom Partner? Wie viele Paare sprechen voller Respekt und Achtung *mit* dem Partner? Normalerweise sieht man nur ganz frisch Verliebte so miteinander umgehen. Ist die Beziehung schon etwas älter, macht man sich gerne über den anderen oder – stellvertretend – über das andere Geschlecht lustig. Spott und Zynismus, hinter denen sich ein unsichtbarer Groll versteckt, machen sich zwischen den beiden breit und vertreiben das wohlige Gefühl der Sicherheit, das man miteinander hatte. Dass Partner verächtlich voneinander und miteinander sprechen, ist so üblich, dass es meistens gar nicht auffällt – Außenstehenden nicht und uns selbst erst recht nicht. Und wenn man sich nicht durch die Blume über den anderen lustig macht, dann beklagt man sich eben offenkundig über die Unarten des anderen beim Partner oder bei Freunden und Bekannten. So unfreundlich wie viele Dauer-Paare miteinander sprechen oder nicht sprechen, so unfreundlich wie sie sich gegenseitig behandeln, so würden sie niemals zu irgendeinem Außenstehenden sein!

Und dabei lieben sie sich doch...

Wie viele Paare, die schon lange zusammen sind, sprechen überhaupt noch wirklich miteinander – ob mit oder ohne Respekt?! In wie vielen Partnerschaften hat sich die Beziehungs-Ödnis ausgebreitet, wie fremd ist uns unser Partner geworden?! Wie viele Paare leben im besten Falle nebeneinander her, im schlimmeren Fall aneinander vorbei, im schlimmsten Fall gegeneinander?!

Gibt es eigentlich Paare, die dieser Falle der Entfremdung entgehen? Gibt es Dauer-Paare, die nicht verbittert aneinander sind, sondern noch glücklich regelmäßig Sex miteinander haben und monogam bleiben? Oder ist das einfach nur Grimms Märchen - „...und sie lebten glücklich bis an ihr seliges Ende." - zu schön, um wahr zu sein? Solange sie häufig konventionellen Sex praktizieren oder praktiziert haben, wird es schwierig sein, so ein Paar zu finden. Gibt es einen Ausweg aus dieser instinktgemachten Falle?

10. Sex ist keine Lösung - Dopamin

So gut es sich anfühlt und so sehr wir gerne glauben möchten, dass mehr oder „besserer" Sex die Antwort auf diese Fragen sind: Es gibt viele Hinweise aus der neurobiologischen Wissenschaft, dass orgasmusorientierter Sex und Orgasmus nicht der Schlüssel zum Glück und erst recht nicht der Schlüssel zu mehr Zufriedenheit, Gesundheit und Wohlbefinden und besonders nicht der Schlüssel zu einer dauerhaft glücklichen Paarbeziehung sind.

Wie schon im Abschnitt „Die Biologie der Trennung" angesprochen, kommt es beim Orgasmus und auch beim leidenschaftlichen Sex zu einer hohen kurzfristigen Ausschüttung von Dopamin im Gehirn. Dies dient einer Funktion des Belohnungszentrums und soll dafür sorgen, dass wir uns an die Tätigkeit oder Sache erinnern, die für den Dopaminausstoß verantwortlich war. Je höher das Dopamin-Level, desto mehr Nervenbahnen werden gebildet, desto schneller und besser werden wir uns an die auslösende Tätigkeit oder Sache erinnern. Genauso funktionieren Süchte und aus diesem Grund sagt man dem Heroin auch nach, dass nur eine einzige Dosis genügt, um süchtig zu werden.

Doch nicht nur die auslösende Tätigkeit (z.B. Onanieren) oder Sache (z.B. Buttercremetorte) wird als lohnend gespeichert, sondern auch alles, was nur im entferntesten mit der Dopamin-Ausschüttung zu tun hatte. Im Fall der Torte wird also auch die

Konditorei als guter Ort gespeichert, ebenso wie der Weg dorthin. Im Fall des Onanierens am Computer wird auch der Computer als lohnend gespeichert, ebenso wie die Bewegungen der Finger auf der Tastatur und mit der Computermaus und vieles mehr.

Sobald man dann also nur in der Nähe der Konditorei vorbeikommt, oder nach einem langen Arbeitstag durch die Haustür tritt, wird neurochemisch durch Dopamin-Ausschüttungen eine Kettenreaktion in Gang gesetzt, die zu einer weiteren Befriedigung des Belohnungszentrums führen soll. Das bedeutet auch, dass schon der *Gang* zum Konditor sich gut anfühlt. Das Belohnungszentrum steuert uns also mehr mit der *Erwartung* der Befriedigung als mit der Befriedigung selbst. Denn schon beim zweiten Dopamin-Erlebnis mit der gleichen Sache reagieren die Dopamin-Rezeptoren nicht mehr mit der gleichen Intensität.

Je öfter wir diese Sache tun oder zu uns nehmen, desto geringer wird die Wohlfühl-Intensität und das sogar ohne dass wir es bemerken, weil sich unser Gehirn an das erste Mal erinnert und die *Erinnerung* mit dem realen Erlebnis gleichsetzt. Beim nächsten Mal schmeckt die Torte dann noch weniger intensiv, ist der Orgasmus dann noch weniger berauschend, aber dennoch machen wir in der *Erwartung* des tollen Gefühls weiter! Wahrscheinlich verstärken wir sogar unsere Anstrengungen und essen irgendwann zwei oder drei oder mehr Stück Torte bzw. onanieren immer öfter. Doch die initiale Befriedigung wird nie mehr erreicht werden.

Je mehr Sahnetorte wir essen, je mehr Orgasmen wir haben, desto schlimmer wird es, desto *mehr* brauchen wir, denn die Rezeptoren werden durch die schnell hintereinander erfolgte Beanspruchung immer unempfindlicher und können das Dopamin dann gar nicht mehr aufnehmen. Es ist ein vertrackter Teufelskreis, der uns immer weiter Befriedigung verspricht und uns dadurch zu immer stärkerer Überbeanspruchung treibt, wodurch die Befriedigung erst recht ausbleibt. Auf die Dauer betäuben wir sozusagen die Rezeptoren der Freude durch die vorangegangenen Kicks. Und es ist *nie* genug! Die Dosis muss genauso gesteigert werden wie bei Drogen, um einen annähernd gleichen Effekt zu erzielen.

Denn die Teile des Gehirns, in denen sich die Wirkung von Drogen entfaltet, sind die gleichen, in denen sich ein Orgasmus abspielt.[11] Das „High" nach Einnahme von Heroin wird von Süchtigen zudem häufig mit dem Gefühl eines sexuellen Höhepunkts verglichen. Meistens wünschen sich Männer mehr Sex in ihren Beziehungen, während Frauen im Laufe der Beziehung das Interesse daran verlieren. Männer glauben daher, es würde ihnen viel besser gehen, wenn nur ihre Partnerin öfter Sex mit ihnen hätte. Wenn jedoch die Frau mehr Sex zulässt, kann es leicht sein, dass es ihr dann wie den Affenweibchen aus Kapitel 6 ergeht, die durch Hormongaben immer für die Paarung verfügbar waren: Das Affenmännchen verlor vollständig das Interesse an der Paarung mit diesen Weibchen. Allerdings

---

11 Brain activation during human male ejaculation. 08.10.2003, Holstege et a.

Auswirkungen von orgasmischem Sex auf die Ehe/Liebesbeziehung:

- gegenseitige Respektlosigkeit
- sich über den anderen lustig machen
- sich über den anderen beklagen
- nebeneinander herleben
- weniger Austausch von Zärtlichkeiten
- kaum miteinander reden
- den anderen unangenehm/hässlich finden
- wenig Blickkontakt
- kein sich-Anlächeln
- kein Sex mehr
- getrennte Betten oder Schlafzimmer
- jeder geht seiner Wege alleine
- kein/wenig gemeinsames Tun
- getrennte Urlaube
- vermehrtes Onanieren
- Anfälligkeit für „Dopaminausschütter"
- Anfälligkeit für Drogen
- Manipulierbarkeit durch z.B. Werbung
- Minderwertigkeitskomplexe
- sich selbst hässlich finden
- Seitensprünge / Untreue

konnten neue unbekannte Weibchen die erlahmte Libido leicht wieder anheizen. Das Männchen wird dann so lange mit der Paarung weitermachen, bis keine neuen Weibchen mehr verfügbar sind.

Dem Belohnungszentrum ist es nie genug, weil es sich auf eine Zeit bezieht, in der sexuelle Möglichkeiten zur Fortpflanzung mit verschiedenen Partnern (Stichwort Gendiversität) selten und kalorienreiche Speisen rar und leicht verderblich waren. Wenn es also Möglichkeiten gab, das eine oder das andere zu bekommen, dann war es wichtig, möglichst alles davon zu holen. Sich quasi so schnell wie möglich mit so viel wie möglich davon vollzustopfen, bzw. jegliche neue Fortpflanzungsmöglichkeit mit sofortiger Entschlossenheit vollends auszuschöpfen.

Je mehr Orgasmen, je mehr konventioneller Sex, desto mehr „brauchen" wir und das sogar im wahrsten Sinne des Wortes, weil unsere Rezeptoren immer unempfindlicher werden. Am Ende macht dann nichts mehr Spaß und das Leben ist eine einzige Hetzjagd nach dem nächsten Orgasmus, ein einziges Betteln um den nächsten Geschlechtsverkehr geworden. Und selbst wenn dies so erfüllt würde, wie wir es „brauchen", wären wir dennoch nie befriedigt.

Wir würden so lange weitermachen, bis wir umfallen. Und es wäre entgegen landläufiger Meinung *kein* schöner Tod! Denn wir würden mitten in der Jagd nach der endgültigen Befriedigung sterben – im Extremfall würden wir nach so vielen Orgasmen als möglich verhungern und verdursten und gänzlich unzufrieden und unbefriedigt sterben. Wir würden nicht satt und froh dahinscheiden, sondern mit einem tiefen Gefühl des Mangels. Doch nicht nur, dass wir an Auszehrung sterben würden, weil wir uns mit nichts anderem mehr beschäftigen können. Es gibt Hinweise darauf, dass eine Überstimulation durch häufige Orgasmen das Immunsystem schwächt und uns anfälliger für Krankheiten werden lässt.[12]

Anfang 2011 ist das Buch „Orgasmen stärken die Abwehr" von Marco Rauland erschienen, das von wissenschaftlichen Experimenten, die mit der Sexualität zusammenhängen, handelt. Er bezieht sich im Titel auf ein Experiment, in dem eine erhöhte Anzahl von Abwehrzellen direkt nach dem Orgasmus gemessen wurde. Eine erhöhte Anzahl von Abwehrzellen tritt jedoch auch bei Allergien auf und ist deshalb kein Hinweis auf ein besser funktionierendes Immunsystem, geschweige denn eine bessere Gesundheit. Eine sogenannte „starke" Abwehr kann einen sogar umbringen, wie bei der „Spanischen Grippe" während der Jahre 1918 bis 1920, die in drei Wellen um den Erdball rollte und mindestens 20 Mio. Menschen das Leben kostete. Schätzungen zufolge starben eineinhalb bis zwei Prozent der Weltbevölkerung. Das Rätselhafte an der Spanischen Grippe war, dass vor allem die 15- bis 30-Jährigen an ihr starben – also genau die Personen, die mit dem „stärksten" Immunsystem ausgerüstet sind.

Außerdem schickt unser Körper immer Abwehrzellen dorthin, wo wir Kontakt mit Fremdeiweißen haben. Er kann nämlich eigene Eiweiße von denen eines anderen Körpers unterscheiden. Deshalb kann auch

---

12 Mehr dazu in Band 3 – Die Droge des Jahrtausends

während des Geschlechtsverkehrs und danach eine höhere Konzentration von Abwehrzellen in der Scheide gemessen werden. Durch die Berührung oder die Körperflüssigkeiten des Partners findet ja auch ein Kontakt mit körperfremden Eiweißen statt.

Es kommt nicht so sehr auf einzelne Aspekte unserer Körperzusammenhänge an, sondern darauf, dass alle diese Aspekte so zusammenwirken, dass sie einen gesunden Körper und eine gesunde Psyche gewährleisten.

Die Ejakulation des Mannes bzw. der Orgasmus der Frau ist eine Reaktion des sympathischen Nervensystems, das auch für alle Stressreaktionen zuständig ist. Bei einer Gefahrensituation werden Adrenalin, Noradrenalin und Cortisol ausgeschüttet und sorgen dafür, den Körper kampf- oder fluchtbereit zu machen. Der Blutdruck erhöht sich, das Herz schlägt schneller. Verdauung und Denken werden gebremst, um die Energie für Kampf oder Flucht zur Verfügung zu stellen. Dagegen ist bei der Erektion das parasympathische Nervensystem beteiligt, das auch für bessere Konzentrationsfähigkeit, ruhigen Herzschlag und Entspannung verantwortlich ist. Orgasmus-orientierter Sex ist für den Körper also so etwas wie Stress, während ruhiger Sex, der im parasympathischen Bereich bleibt, für den Körper eher so etwas wie Entspannung ist und viele Körperfunktionen, die der Gesundheit dienen, fördert. Unter anderem die Erektionsfähigkeit!

11. Was braucht der Mensch zum Glück?

Wenn nun der „gute" Sex mit vielen Orgasmen kein Auslöser für echte Zufriedenheit ist, was dann? Für die echte Zufriedenheit von Menschen sorgen (natürlich neben der Befriedigung der Grund-Überlebensbedürfnisse Nahrung, konstante Körpertemperatur, Schlaf) verschiedene Komponenten. Eine davon ist die Art des Zusammenlebens und Zusammenseins mit anderen Menschen. Man kann bemerken, dass Menschen, die viel freundlichen und großzügigen Körperkontakt bekommen, regelrecht aufblühen. Sie fühlen sich sicherer, sie sehen schöner aus, sie sind gesünder, kreativer, sozialer – sie strahlen regelrecht.

Und auch hier ist es so, dass neurochemische Vorgänge ablaufen, wenn wir liebevoll berührt werden, wenn jemand für uns ein offenes Ohr hat oder uns tief in die Augen schaut. Der Gehirnstoff, der in solchen Situationen ausgeschüttet wird, heißt Oxytocin. Das sogenannte „Schmuse"-Hormon ist ein Ausgleicher der Dopamin-Welle, und spielt gleichzeitig mit dem Dopamin zusammen eine Rolle in der Paarbindung. Während das Dopamin zu Anfang dafür sorgt, dass wir unseren Partner überhaupt erst für die Paarung lohnend finden, schafft das Oxytocin die Voraussetzung dafür, dass wir dauerhaft zusammenbleiben und unser Zusammensein mit dem Partner dauerhaft genießen.

Oxytocin sorgt ganz allgemein dafür, dass wir uns mit anderen Menschen wohlfühlen und auch gerne andere unterstützen. Oxytocin sorgt vor allem dafür, dass es uns Freude macht, selbstlos zu geben und uns durch die Freude der anderen bereichert zu fühlen. Es macht uns dadurch sozialer und es hilft uns, sozialen Herausforderungen besser gewachsen zu sein.

Über die Jahrtausende haben sich verschiedene soziale Modelle herauskristallisiert, die das Potential haben, Menschen zufrieden zu machen: Die vertraute Paarbeziehung, die Stammesgesellschaft mit promiskuitiven Ansätzen, das Zölibat im Dienst an der Menschheit. Doch jedes dieser Modelle ist nur eine Notlösung der Sehnsucht nach Zufriedenheit, solange wir uns weiterhin nur von unseren Instinkten fernsteuern lassen. Jedes dieser Modelle birgt bei konventioneller Herangehensweise den Stachel der Unzufriedenheit und des Unwohlseins.

Die Sehnsucht nach einer vertrauten Paarbeziehung findet sich in der Literatur und Geschichte aller Kulturen, sie ist immer wieder Ziel und Fixstern von Menschen jeder Nationalität und jedes gesellschaftlichen Hintergrunds. Daran konnte auch die sexuelle Revolution der sechziger Jahre nicht wirklich etwas ändern. Doch es war bis heute nicht möglich, den instinktgesteuerten Paarungstrieb wirklich zu durchschauen, und so mussten unzählige Paarbeziehungen am Überlebensdrang unserer Gene und der unersättlichen Gier unseres Belohnungszentrums scheitern.

Polygamie/Polyandrie, also Sex mit mehreren Sexualpartnern, oder auch die räumliche Trennung der Geschlechter konnte und kann in Stammesgesellschaften einigermaßen funktionieren. Dort werden die menschlichen Bindungsbedürfnisse nach vertrauter Gemeinschaft und Sicherheit durch den Stamm befriedigt. Es hängt dann also nicht von einem Partner ab, ob man sich wohlfühlt, sondern vom Netzwerk der Beziehungen, die ganz automatisch vorhanden sind. Die Gemeinschaft versorgt einen mit dem Gefühl von Geborgenheit und Zugehörigkeit, mit dem notwendigen Körperkontakt und Verständnis. Es gibt auch in unserem Kulturkreis Gemeinschaften, die mit diesem Lebensstil experimentieren. Doch trotz der vielen positiven Auswirkungen, die das enge gemeinschaftliche Leben dort hat, bleiben auch in solchen Gemeinschaften der Stachel des Schmerzes, die Qual der Eifersucht und die Folter eines gebrochenen Herzens immer wiederkehrende Themen.

Eine weitere Möglichkeit des zufriedenen Lebens für Menschen ist das Zölibat im Dienst an anderen. Hier ergießt sich die ganze Schaffenskraft eines Menschen in die Hilfe für Mensch oder Tier. Interessanterweise macht ein Leben im Dienst am anderen, sei es nun in der Familie, im Stamm oder auch für gänzlich fremde Menschen auf Dauer zufriedener als jegliche Anhäufung von Besitztümern oder Auszeichnungen. Die unangenehme Begleiterscheinung des Lebens im Zölibat kann in manchen Fällen ein Verdrängen und Unterdrücken der partnerschaftlichen oder sexuellen Wünsche sein, was sich dann in körperlichen Problemen oder auch in einem verborgenen Ausleben der Sexualität äußern könnte. Was verbindet diese verschiedenen sozialen Ansätze?

Martin Seligman forscht schon lange im Feld der Positiven Psychologie und er schreibt in seinem Buch „Flourish" (Gedeihen, Aufblühen) über die drei Elemente der Zufriedenheit „Spaß", „Engagement" und „Sinn":

> *„Es gibt ein drittes Element der Zufriedenheit, und das ist Sinn. Ich bin selbstvergessen, während ich Bridge spiele, aber nach einem Turnier schaue ich in den Spiegel und ich mache mir Sorgen, dass ich so herumfuchteln werde, bis ich sterbe. Das Streben nach Engagement und das Streben nach Spaß sind oft einsame, solipsistische Anstrengungen. Menschen wollen ganz unvermeidlich Sinn und Zweck in ihrem Leben. Das sinnvolle Leben besteht darin, zu etwas dazuzugehören, das man für größer hält als das eigene Selbst und diesem zu dienen, und die Menschheit erschafft alle positiven Einrichtungen, um das zu gewährleisten: Religion, Parteien, Ökofreak sein, Pfadfinder oder die Familie."*

Neben Spaß zu haben und sich für sich selbst zu engagieren geht es demnach einen großen Schritt nach oben auf der Zufriedenheits-Skala, wenn wir einer Sache oder Gemeinschaft dienen, weil diese Art des Dienens dem Leben Sinn verleiht. Das Interessante daran ist, dass diejenige Komponente dieser drei Elemente, mit der ich am ehesten andere glücklich mache, bzw. machen möchte, auch diejenige ist, die mich *selbst* am meisten zufriedenmacht.

> *„Die Gemeinschaft ist die Seele, der Leitstern der Menschen meines Volkes. In ihr kommen die*

Menschen zusammen, um eine bestimmte Aufgabe zu erfüllen, um anderen zu helfen, ihre Aufgabe zu erfüllen, und um sich umeinander zu kümmern. Das Ziel der Gemeinschaft ist, dafür zu sorgen, dass jedes ihrer Mitglieder gehört wird und die Gaben, die sie oder er in diese Welt mitgebracht haben, auf die richtige Weise anbringt. Ohne dieses Geben stirbt die Gemeinschaft. Und ohne Gemeinschaft haben die einzelnen Menschen keinen Ort mehr, wo sie etwas beitragen können."

(Sobonfu E. Somé aus dem Stamm der Dagara, Afrika)

Und auch bei diesem grundlegend menschlichen Bedürfnis, einer größeren Sache zu dienen, wurde unsere gehirnbiologische Ausstattung so gestaltet, dass es sich für uns gut anfühlt, denn es kommt dem Überleben des Einzelnen sowie dem Überleben der Gattung zugute. Wir wollen es, weil wir es brauchen...

12. Oxytocin
oder Wie Geben sattmacht

Für menschliche Säuglinge ist eine Eltern-Kind-Bindung überlebenswichtig und auch für den Fortbestand der menschlichen Rasse ist es essentiell, dass Eltern sich gerne mit ihren Babys und Kindern beschäftigen und Kinder gerne bei ihren Eltern sind. Einerseits hat uns die Natur dafür mit instinktiven Reaktionsweisen auf das sogenannte „Kindchenschema" ausgestattet: Wir finden alles „süß", was dem Kindchenschema irgendwie entspricht, seien das nun Miniaturausgaben von Dingen oder mit Rundungen versehene Gesichter mit großen Augen.

Das Kindchenschema bringt uns dazu, etwas anfassen zu wollen, es uns aus der Nähe zu betrachten, und wenn es sich um Lebewesen handelt, diese besonders sanft und liebevoll zu behandeln. Doch diese Reaktion ist nur als Initialzünder gedacht, damit Größere sich Kleineren überhaupt erst gerne nähern. Um den Wunsch aufrechtzuerhalten, dieses kleine Kind auch dauerhaft zu versorgen, braucht es ein bisschen mehr. Haben Sie schon einmal vom „Bonding" gehört? So nennt man die erste Prägungsphase nach der Geburt, wenn Säugling und Mutter eine Bindung miteinander eingehen. Dies geschieht durch Hautkontakt, sich in die Augen schauen, streicheln, freundliche Laute etc. Hebammen wissen, dass diese Bondingphase grundlegend wichtig für die

**Menschliches Bindungsverhalten
produziert Oxytocin:**

- sich anlächeln
- Hautkontakt
- dem anderen einen Gefallen tun
- sich tief in die Augen schauen
- aneinanderkuscheln
- sich umarmen
- freiwillige Großzügigkeit
- sich beschnuppern
- aneinandergekuschelt liegen
- den anderen sanft streicheln
- sich küssen
- massieren oder massiert werden
- aufmerksam zuhören
- etwas zum Essen zubereiten
- synchron atmen
- dem Herzklopfen des anderen lauschen
- Händchen halten
- Laute des Wohlbefindens

Beziehung zwischen Mutter und Kind ist. Durch das Bonding entsteht ein gutes Gefühl füreinander, was dann weiterhin dafür sorgt, dass sie sich gerne gegenseitig berühren, dass sie sich freuen sich zu sehen, dass die Mutter große Liebe für das Kind empfindet und es ihr Freude macht, für ihr Kind zu sorgen. Es ist der Zeitpunkt, an dem sich Mutter und Kind ineinander verlieben. Sogar Wildgänse binden sich an das große Wesen, das ihnen nach ihrem Schlüpfen zuerst freundlich begegnet und sie versorgt. Das kann auch ein Mensch sein, dem sie dann wohin auch immer hinterherwatscheln, mit ihm schwimmen gehen oder ihm später hinterherfliegen.

Hat dieses Bonding nicht stattgefunden, ist die Prägung nicht mehr leicht automatisch herstellbar. Für Mütter, die wegen Kaiserschnittgeburt und Narkose zu diesem Zeitpunkt bewusstlos sind, ist es im Folgenden schwieriger, zu ihrem Kind eine Beziehung einzugehen, und das Versorgen des Kindes macht dann weniger Freude. Da das Berühren und Versorgen nicht so große Freude macht, wird dann eben nicht besonders geknuddelt und gekuschelt, die beiden bleiben sich auch weiterhin fremd und entfremden sich auf diese Art sogar noch weiter voneinander. Es ist eine Abwärtsspirale der Entfremdung: Je weniger gekuschelt wird, desto weniger Lust hat man darauf, und deshalb wird noch weniger gekuschelt, was wiederum dafür sorgt, dass man keine Lust darauf hat etc. Durch den Mangel an Miteinander, Zärtlichkeiten oder Füreinander-Sorgen, verschwindet das Vertrauen zueinander. Und wer kein Vertrauen zu jemandem hat, der kuschelt auch nicht gern mit diesem. Es fühlt sich dann nicht unbedingt so an, als würde einem das fehlen, es fühlt sich aber auch nicht nach einem wunderschönen glücklichen Familienleben an...

Genau das Gleiche passiert in Liebesbeziehungen, die sich auseinanderleben. Den Auslöser für die „ganz normale" Entfremdung bildet nach dem leidenschaftlichen Sex das nachorgasmische zweiwöchige Unwohlsein und die biochemisch zum negativen veränderte Wahrnehmung des anderen. Der eine ist dann abweisend, während der andere bedürftig erscheint. Der eine fühlt sich aufgefressen, der andere fühlt sich vernachlässigt. Zusätzlich zur neurochemischen Barriere verhindert der Groll, der dadurch entsteht, eine körperliche Annäherung. Die Folge ist, dass immer weniger Zärtlichkeiten ausgetauscht werden, dass man immer weniger Zeit miteinander verbringt, dass man nur noch ungern etwas für den anderen tut. Das fängt schleichend an und entwickelt sich ganz unauffällig weiter bis zur totalen Entfremdung mit getrennten Schlafzimmern, Seitensprüngen, oder langen beruflichen Abwesenheiten. Auch eine anfänglich noch so innige Liebe hält diesem „grauen Alltag" der neurochemischen Keule auf Dauer nicht stand.

Die gute Nachricht ist, dass wir als Menschen nicht nur unseren Instinkten unterliegen, sondern auch die Fähigkeit haben nachzudenken und Handlungen einzusetzen, mit denen wir unsere Ziele erreichen können. Und unser Ziel ist in diesem Fall eine dauerhaft glückliche Paarbeziehung, in der sich beide Partner gegenseitig vertrauen und füreinander einsetzen. Genauso wie wir uns täglich unmerklich in kleinen Schritten vom Partner entfremdet haben, können wir die Entfremdung in kleinen Schritten wieder rückgängig machen, indem wir Bindungsverhalten ganz bewusst einsetzen.

Das fühlt sich zunächst *nicht* gut an! Das erste Mal Händchenhalten nach langer Zeit ist eine unangenehme Übung, so als würde man schauspielern. Oder vielleicht ist es das erste Mal Händchenhalten überhaupt?! Doch auch hier gilt wie in der Psychotherapie: „Fake it to make it!" (Tu so als ob, um es zu schaffen). Durch kurze tägliche Momente und Zeichen der Zuwendung wird nämlich Oxytocin produziert und dieses sorgt für Bindung und Vertrauen.

So wird aus der Entfremdungs-Spirale ganz langsam eine Annäherungs-Spirale. Wenn diese erst einmal in die Aufwärtsbewegung angeschubst wurde, bewegt sie sich nach einer Weile ganz von alleine weiter. Das bedeutet: Eine kleine Übung von einigen Minuten in Bindungsverhalten *täglich* sorgt dafür, dass Vertrauen erwacht und aufgebaut wird, Vertrauen sorgt dafür, dass wir gerne in der Nähe des anderen sind und ihn gern berühren. Berühren führt zur Oxytocin-Ausschüttung und fühlt sich gut an und sorgt so für mehr Vertrauen und Geborgenheit, und das wiederum bringt uns dazu, uns häufiger zu berühren. Am Ende wird das Ganze zum Selbstläufer, weil wir es wieder mögen und es uns wieder gut tut, liebevolle Berührungen miteinander auszutauschen und weil wir dem anderen gerne etwas Gutes tun wollen.

Doch aufgepasst: Es geht nicht einfach um irgendwelche Berührungen, sondern um die Sorte von Berührungen, mit denen wir *dem anderen* guttun

Die Abwärtsspirale der Entfremdung

Beginnend mit leidenschaftlichem Sex mit Orgasmus und dem darauffolgenden Dopaminschub und zwei-wöchigen Kater:

Abstand und weniger Berührung
- -> weniger Oxytocin
- -> weniger Geborgenheit und Bindung
- -> noch weniger Berührung
- -> noch weniger Oxytocin
- -> noch weniger Geborgenheit / Bindung
- -> ungern Berührungen
- -> kaum noch Oxytocin
- -> kaum noch Geborgenheit und Bindung
- -> usw.

Der „graue Alltag"...

Die Aufwärtsspirale der Annäherung

Beginnend mit einigen Minuten täglichen Bindungsverhaltens als Übung:

Selbstlos geben und Berührung
- -> Oxytocin
- -> Geborgenheit und Bindung
- -> mehr Berührung
- -> mehr Oxytocin
- -> mehr Geborgenheit und Bindung
- -> gerne Berührungen
- -> viel Oxytocin
- -> tiefe Geborgenheit und Bindung
- -> usw.

„...und wenn sie nicht gestorben sind..."

möchten! Mit denen wir *dem anderen* etwas geben möchten, mit denen wir uns *dem anderen* zuwenden. Es geht nicht darum, den eigenen Hunger nach Berührung zu stillen, bzw. vom anderen stillen zu lassen. Es geht darum, sein Herz aufzumachen und die Absicht zu haben, zu *lieben* und zu geben. Die Psyche des anderen hat eine feine Antenne dafür, mit wem Sie es gut meinen, also fragen Sie sich das selbst immer wieder einmal: Meine ich es gut mit dem anderen oder nur mit mir selbst?

Oxytocin produzierende Tätigkeiten tun in beiden Richtungen gut: sowohl dem, der gibt, als auch dem der bekommt, auch wenn das zunächst paradox erscheinen mag. Auch wenn Sie „nichts" zurückbekommen, dann ist Ihr Lohn dennoch die Freude, die aus den Augen des anderen strahlt oder das Wissen, dem anderen etwas Gutes getan zu haben. Schauen Sie sich als Beispiel den Umgang mit einem kleinen Säugling an: Sie nehmen ihn auf den Arm und tragen ihn herum und das fühlt sich gut an! Der Geruch des Babys, die Wärme an Ihrem Körper und in Ihren Armen, die leisen Laute des Wohlbehagens, die das Baby von sich gibt, oder einfach auch nur das friedlich schlummernde Gesichtchen. Vielleicht lacht das Baby Sie sogar an, oder greift mit seinen kleinen Fingerchen nach Ihrer Hand. Sie sind im siebten Himmel. Und haben gar nichts bekommen, sondern nur gegeben! Das Gleiche passiert, wenn wir uns mit Tieren beschäftigen und auf irgendeine Art erkennen können, dass es dadurch den Tieren gutgeht. Am wohlsten fühlen wir uns jedoch, wenn sich das Tier auch anfassen lässt, wenn wir es streicheln dürfen – und was haben *wir* bekommen?

„Nur" das Vertrauen des Tieres und doch kann uns das für den ganzen restlichen Tag ein gutes Gefühl geben. So wirkt Oxytocin.

13. Die Wundermedizin Kuscheln

Durch Oxytocin produzierendes Verhalten fühlt man sich viel länger gut als nach dem kurzfristigen Dopamin-High der Belohnungssystem-Auslöser. Das Dopamin-Hoch fühlt sich eher nach Aufregung an, ganz ähnlich wie Angst, inklusive Herzklopfen und beschleunigter Atmung, während ein Oxytocin-Hoch eine ruhige Zufriedenheit ist, mit ruhiger Atmung und gleichmäßigem Herzschlag. Eine tiefe Freude, ein umfassendes Glücklichsein. Heitere Gelassenheit, wenn man so will... Und es gibt auch keinen Kater und keine negativen Auswirkungen auf unsere Gesundheit oder unsere Psyche. Ganz im Gegenteil, Oxytocin wirkt sich in vielerlei Hinsicht positiv auf Gesundheit, Psyche, Konzentrationsfähigkeit und Beziehungen aus.

Massage ist bekannt für ihre Oxytocin fördernden Eigenschaften.[13] Massagetherapien helfen dabei, dass Wunden schneller heilen, dass es bei HIV-positiven Patienten länger dauert, bis sie AIDS entwickeln, dass Traumapatienten besser schlafen und Essstörungs-PatientInnen sich in ihrem Körper wohler fühlen. Andere Studien zeigen auf, dass durch sich-gegenseitig-Zuhören, Umarmungen und Händchenhalten das Oxytocin-Level steigt und der Blutdruck und das Herzinfarktrisiko sinken.[14]

---

13 Siehe Quellenangaben im Anhang
14 More frequent partner hugs (...) are linked to lower blood pressure and heart rate (...) (Light, Grewen, Amico)

Auch in Bezug auf das Brustkrebsrisiko hat sich Oxytocin bewährt. 1995 hat Professor Timothy Murrell eine Schrift veröffentlicht, die beschreibt, wie durch die Stimulation von Brustwarzen und sanfter Massage der Brust neben anderen Hormonen vor allem Oxytocin ausgeschüttet wird. Seine Untersuchung lässt darauf schließen, dass Oxytocin eine Hauptrolle bei der Vermeidung von Brustkrebs spielt. Prof. Murrell hatte eine drei Jahre dauernde Gruppe von 5.000 Probandinnen, deren Brüste und Brustwarzen mindestens zwei Mal pro Woche von ihnen selbst oder einer anderen Person lediglich 2 – 3 Minuten lang massiert wurden. Es gab ab diesem Zeitpunkt für die gesamte Dauer des Experiments keine neuen Brustkrebs-Fälle.[15] Ebenso sinkt durch Stillen das Brustkrebs-Risiko: Je länger Frauen in ihrem Leben gestillt haben, desto niedriger ist die Brustkrebsrate.[16]

Und Cassoni et a. fanden 2004 heraus, dass Oxytocin in ganz verschiedenen Krebstumoren eine wachstumsregulierende Wirkung hat. Es behinderte die bösartige Wucherung in so verschiedenen Arten von Geweben wie Brust- oder Gebärmuttergewebe, Knochensubstanz oder Nervenzellen[17].

Doch nicht nur für den Körper wirkt die Kuschelmedizin Wunder, sondern auch für die Seele. Denn sie hilft sogar gegen soziale Ängste. Bei einer anderen Studie maßen die Forscher Light, Grewen und Amico der Universität North Carolina die Stresslevel bei

---

15 „The potential for oxytocin (OT) to prevent breast cancer"
16 Lancet 360 (2002) 187–195
17 „Oxytocin and oxytocin receptors in cancer cells and proliferation."

Probanden, die in einer Beziehung lebten und die eine Rede vor Publikum halten sollten. In einer der Gruppen saßen 100 Paare vor dem Auftritt eine kurze Zeit händchenhaltend beieinander und dann umarmten sie sich 20 Sekunden lang. In einer anderen Gruppe waren die Probanden von ihren Partnern getrennt und ruhten sich vor dem Auftritt still aus. Während der Vorträge stiegen bei dieser Gruppe die Herzfrequenz und der Blutdruck doppelt so hoch an wie bei den „Händchenhaltern".

Durch Bindungsverhaltensweisen werden sogar vermehrt passende Rezeptoren in den Gehirnregionen *gebildet*, die für Bindung und Vertrauen zu Menschen zuständig sind. Man hat festgestellt, dass Autisten zu wenige dieser Rezeptoren haben und deshalb wohl auch keine besondere Freude an Zwischenmenschlichkeit empfinden können. Es fällt Autisten sehr schwer, anderen in die Augen zu sehen, normalerweise vermeiden sie es ganz, selbst wenn sie in einer Paarbeziehung leben. Gibt man ihnen nun künstlich Oxytocin, verbessern sich ihre sozialen Fähigkeiten, und sie können anderen zumindest kurzfristig in die Augen sehen.[18] Hat Oxytocin förderndes Verhalten das Potenzial, Autismus zu heilen? Die Anzeichen sprechen dafür. Es gibt immer wieder Geschichten von verhaltensauffälligen oder autistischen Kindern, deren Eltern ihnen mit Bindungsverhaltensweisen helfen konnten, soziale Fähigkeiten zu entwickeln.

Oxytocin hat eine ausgleichende Wirkung auf Stresshormone wie Cortisol und Adrenalin und wirkt

---

18 Promoting social behavior with oxytocin in high-functioning autism spectrum disorders (Andari, Sigiru et a.)

dadurch jeder Art von Stress entgegen; da viele Krankheiten heutzutage stressbedingt sind, ist hier ein großes Gesundheitspotential zu finden. Und auch gegen Süchte können ein paar Minuten Kuscheln am Tag Wunder wirken. Wenn einerseits der Suchtstoff oder das Suchtverhalten gemieden wird, fällt es Süchtigen andererseits durch Oxytocin leichter, durch den Entzug hindurchzukommen und es fällt ihnen auch leichter, sich von der Droge fernzu-halten. Dies wurde 1998 von Kovacs et a. an heroin- und kokainsüchtigen Mäusen und Ratten untersucht.

Interessanterweise produzieren wir besonders viel Oxytocin durch die sinnstiftenden Tätigkeiten im Dienst an anderen, die Seligman als das dritte Element des Glücklichseins gefunden hat und sorgen so tatsächlich auch körperlich für unser Wohlbe-finden und unsere seelische und geistige Gesundheit. Im 12-Schritte-Programm der Anonymen Alkoholiker besteht ein Schritt aus der Weitergabe des Programms an andere Alkoholiker und Bill Wilson, einer der „Entdecker" des Programms hatte seinen eigenen Durchbruch erst dann, als er anfing, anderen Alkoholikern zu helfen, ob sie wollten oder nicht... Nachdem er auf diese Weise ca. sechs Monate nüchtern war, erlitt er 1934 einen Schicksalsschlag und fand sich bald in einer Bar wieder. Da er schon wusste, was allein ihn jetzt noch retten würde, suchte er verzweifelt nach einem anderen Alkoholiker, dem er helfen könnte und telefonierte von der Bar aus in der ganzen Stadt herum. Schließlich fand er Dr. Bob, der zu dem Zeitpunkt ein genauso hoffnungsloser Alkoholiker war, wie Bill noch vor kurzem. Sie trafen sich beinahe gegen den Willen von Dr. Bob und das

Resultat war, dass Bill nicht rückfällig und Dr. Bob zum Anti-Alkoholiker wurde. Die beiden waren bald darauf mit anderen zusammen Gründer der Anonymen Alkoholiker.

Und nicht nur auf persönlicher Basis hilft Kuscheln dabei, ein erfüllteres Leben zu führen. Marnia Robinson, die Autorin von „Das Gift an Amors Pfeil", sagte in einem Vortrag:

„Ich bin überzeugt davon, dass wir über die Herausforderungen [unserer Zeit] hinauswachsen können, indem wir Bindungsverhaltensweisen und Karezza benutzen. Von der Getriebenheit und den Automatismen weg- und zu einem bewussten Gleichgewicht in unserem Sexualleben hinzukommen, stattet uns mit einem Gefühl der inneren Ganzheit aus – z.B. sind mein Ehemann und ich viel weniger anfällig für Manipulationen jeglicher Art, seien das nun die der Werbefachleute oder die der Politiker. Und auch Sie könnten merken, dass Sie ohne diese Gefühle des Mangels, der Unruhe und der Bedürftigkeit, die unter mysteriösen Umständen nach dem Auspowern des sexuellen Verlangens auftauchen, einfach nicht so anfällig für die Versuchungen von Fastfood, Kaufräuschen und angstgesteuerter Manipulation sind."

14. Die Prostata explodiert

Wenn ich von der Vermeidung des Suchtverhaltens spreche, ist damit natürlich auch die Vermeidung von Orgasmen gemeint, da uns auch ein Orgasmus-Dopamin-Hoch in den Suchtkreislauf führt, aus dem wir dann nicht so leicht herauskommen.

Doch schadet Nicht-Ejakulieren der Prostata? Es gibt da anscheinend wissenschaftliche Untersuchungen aus denen man herauslesen kann, dass ein orgamusfreies Leben unweigerlich zum Prostata-krebs führen muss. Oder mindestens zu einer Explosion der Hoden...

In der Studie, auf die sich die Schlagzeilen berufen, wurde Männern ab 46 unter anderem die Frage gestellt, wie oft sie in ihren 20ern ejakuliert hätten. Die Männer, die sich an häufigere Orgasmen erinnerten, hatten eine etwas niedrigere Prostata-krebsrate.[19] Von der Presse, jedoch nicht den Wissenschaftler, wurde das in solchen Schlagzeilen wie „Häufiges Onanieren schützt vor Prostatakrebs" verarbeitet. Wie gut kann man sich 15 bis 45 Jahre später noch daran erinnern, wie oft man pro Woche ejakulierte? Die geringe positive Korrelation galt übrigens lediglich für die Männer, die sich für dieses eine Lebensjahrzehnt (ihre 20er) an mehr Orgasmen erinnerten. Für alle anderen Lebensjahr-zehnte gab es keine positive Korrelation zwischen

---

19 G. G. Giles, et al., "Sexual Factors and Prostate Cancer"

häufigem Ejakulieren und seltenerem Prostatakrebs. Eine andere Studie kommt zu dem Schluss: „Unsere Ergebnisse lassen darauf schließen, dass Ejakulations-Häufigkeit und Prostata-Krebs nicht miteinander zusammenhängen."[20] In einer neueren Studie von 2009 fand man, dass diejenigen, die während ihrer jüngeren Jahre die meiste sexuelle Aktivität (vor allem durch regelmäßiges Onanieren) berichteten, eine *höhere* Chance hatten, an Prostatakrebs zu erkranken.[21] Die Studien scheinen sich also zu widersprechen, was einfach daran liegen kann, dass wichtige Komponenten von komplexen Zusammenhängen nicht in die Ergebnisse mit einfließen konnten.

Es sieht so aus, als wäre es einfach unklug, wenn wir uns mit Praktiken beschäftigen, die auf der einen Seite unsere Lust auf liebevollen Geschlechtsverkehr untergraben, und auf der anderen Seite die Prostata unter Spannung setzen oder die Sexualorgane überstimulieren. Überstimulation durch häufige Orgasmen, vor allem mithilfe von Pornos oder anderen extremen Auslösern führt zu Desensibilisierung und sexuellen Funktionsstörungen, z.B. sind heutzutage Erektionsstörungen auch unter sehr jungen Männern extrem häufig geworden.[22] Andererseits führt jede Praxis, die den Orgasmus durch heftiges Unterdrücken oder Druck auf das Gewebe zurückhält, zu Blutstauungen der Prostataregion. Praktiken, wie heftiges Atmen, das Zusammenziehen von Muskelpartien oder das Drücken auf

---

20 „Ejaculation Frequency and Subsequent Risk of Prostate Cancer"
21 „Sex drive link to prostate cancer"
22 Mehr dazu in Band 3 – Die Droge des Jahrtausends

bestimmte Stellen, um den herannahenden Orgasmus zu verhindern, werden vor allem in Liebestechniken wie dem Tantra oder beim Tao der Liebe benutzt. Beim sanften Karezza-Geschlechtsverkehr dagegen ist das Ziel, gar nicht erst in die Nähe des Orgasmus zu kommen und auf diese Art einer Überhitzung zuvorzukommen. Die Dauer des Geschlechtsverkehrs verlängert sich ganz automatisch mit Karezza, ohne dass es ein ständiger Kampf gegen den Orgasmus wäre und es wird immer natürlicher, die Schwelle zur heftigen Erregung nicht zu überschreiten. Außerdem: Erektionen kommen und gehen beim Karezza-Liebesspiel, wodurch eine sanfte Durchblutung der gesamten Prostataregion angeregt wird.

Dr. William Lloyd schrieb: *„Sobald Sie die Fähigkeit erwerben, Ihrem Partner Ihre sexuelle Energie mittels der Geschlechtsorgane, der Hände, der Lippen, der Haut, der Augen und der Stimme zu schenken, werden Sie auch die Fähigkeit erlangen, sich selbst und Ihren Partner zu befriedigen, ohne dazu einen Orgasmus zu benötigen. Sehr bald schon werden Sie beide gar nicht mehr an Selbstbeherrschung denken, weil das Verlangen nach einem Orgasmus Sie nicht mehr packt."*

Interessanterweise bemerken Männer, die die Häufigkeit ihrer Orgasmen zurückschrauben, viele Veränderungen zum Besseren: Mehr Energie, bessere Konzentration, leichtere Kommunikation mit potentiellen Partnerinnen, bessere Trainingsresultate beim Work-Out, stärkere Erektionen, gesündere Ernährung, das Zurückkehren zu früheren gemäßigteren sexuellen Vorlieben, mehr Optimismus - sie sehen Frauen mit anderen Augen und bekommen sogar tiefere Stimmen.

Und keine Angst: Die Hoden explodieren nicht! Das ist ein Irrglaube; der Körper verfügt nämlich über die Fähigkeit, Flüssigkeiten zu resorbieren, also wieder aufzunehmen. Das bedeutet, dass sich Spermaflüssigkeit nicht ansammelt wie Urin, sondern einfach vom Körper wieder aufgenommen wird, wenn zuviel davon da ist. Ejakulieren ist ja auch kein Reinigungsmechanismus des Körpers, so wie Urinieren, sondern dient evolutionstechnisch gesehen der Erschaffung eines neuen Menschen. Sperma muss also nicht raus, weil man davon gar nicht platzen oder sich vergiften kann! Es ist keine unsaubere oder giftige Flüssigkeit, und es ist nicht in die körpereigene Müllabfuhr involviert. Wahrscheinlich kommt die ganze Beunruhigung daher, dass diesbezüglich eine unterbewusste Verwechslung stattfindet. Schließlich werden da die gleichen Auslass-Wege benutzt...

Das Problem ist also nicht das Ansammeln von Flüssigkeit, die körperlich Druck ausübt, sondern die ständige sexuelle Überreizung der heutigen Zeit. Doch wie vermeidet man Überstimulation, wenn wir nun einmal von unseren Instinkten in den Exzess getrieben werden? Wie vermeidet man Überstimulation in einer Zeit, in der beinahe jedes Filmplakat wie Werbung für einen Softporno aussieht, jedes Musikvideo schon zum Porno geworden ist und einen beim Surfen im Internet von allen Seiten immer wieder explizite Inhalte anspringen?

Denn für Männer genügen diese visuellen Zeichen schon als Auslöser für sexuelle Erregung, selbst wenn sie sich dessen nicht gewahr sind. Das heißt: das sexuelle System eines Mannes ist heutzutage quasi ständig unter Beschuss und kommt aus der Erregung kaum noch heraus. Zunächst einmal ist das Wichtigste: Hände weg, Augen zu (!) und durch! Wer sich langsam aber sicher von der sexuellen Manipulation der Medien befreien will, muss als allererstes öfter mal wegschauen, den PC porno-sicher machen und den Fernseher am besten aus dem Fenster werfen[23].

---

23 Mehr dazu in Band 3 – Die Droge des Jahrtausends

15. Neustart im Gehirn

Man kann unseren überhitzten sexuellen Antrieb mit einer Computer-Festplatte vergleichen, auf der einige Programme Fehler verursachen und zu unerwünschten Auswirkungen führen. Zuerst einmal muss man alle Programme schließen und dann das Gerät ganz runterfahren und ausschalten. Wenn man einigermaßen sichergehen will, dass die Probleme behoben werden, löscht man die fehlerhaften Programme und spielt sie neu auf. Wenn man *ganz* sichergehen will, dann formatiert man die Festplatte neu und installiert erst dann die nötigen Programme wieder.

Durch die ständige Überstimulierung in Richtung Orgasmus sind nämlich so starke neurobiologische Vernetzungen gebildet worden, dass jede sexuelle Absicht und erst recht jede sexuelle Handlung sofort wieder auf die alten Geleise in Richtung Orgasmus führt. Und nicht nur das: Auch ohne sexuelle Absicht ist durch die starke Orgasmus-Orientierung vieles zum Trigger (Auslöser) geworden, das man ehemals niemals in Verbindung mit Sexualität gebracht hätte. Auslöser können Formen, Gerüche, Geräusche, Farben sein, die das Gehirn mit der neurochemischen Belohnung verknüpft hat: Stöckelschuhe, Bananen (wegen der Form), Cremesuppe (wegen der Farbe und Konsistenz), Hirsebrei (wegen dem Geruch), ein mechanisches Gebilde mit einem Eisenstab durch einen Ring...

Man muss erst einmal dafür sorgen, dass über die ausgetretenen Wege Gras wächst, und gleichzeitig neue Wege gehen, um das Verfolgen neuer Ziele mit der Zeit immer einfacher zu machen. Wenn wir es so machen, wie wir es als Menschheit seit vielen Jahrhunderten immer gemacht haben, wird sich an den Ergebnissen nichts ändern. Dann ist die Entfremdung der Geschlechter weiterhin vorprogrammiert, dann werden wir nur immer weiter von einer Notlösungs-Strategie der Trennung zur nächsten springen, dann werden glückliche dauerhafte Beziehungen weiterhin Mangelware bleiben. Dann werden wir weiterhin immer wieder vor den Scherbenhaufen unserer schönsten Träume und Absichten stehen...

Das Neuformatierungs-Programm für unsere Sexualität heißt „Karezza-Programm für die Liebe"[24] und dauert im ersten Anlauf ca. drei Wochen. In diesen drei Wochen kann man zunächst zusammen mit dem Partner durch den letzten nachorgasmischen Kater gehen. Dabei lernen wir nach und nach die Vorteile einer liebevollen Zweisamkeit kennen, die nicht ständig durch dopamin-induzierte Stimmungsschwankungen gestört wird. Während dieser Zeit werden die verschiedenen Bindungsverhaltensweisen „installiert", also benutzt und quasi „eingeübt". Denn wie schon gesagt, zu Anfang werden sich die schönsten Zärtlichkeiten eventuell staubtrocken anfühlen – eine tägliche Übung zu der sich beide Partner fast zwingen müssen und die zunächst schwierig einzuhalten sein kann:

---

24 Siehe Band 2 – Das Karezza-Programm für die Liebe
oder „Das Gift an Amors Pfeil" von Marnia Robinson

„Ich geh' meine eigenen Wege,
ein Ende ist nicht abzuseh'n.
Eigene Wege sind schwer zu beschreiten,
sie entstehen ja erst bei dem Geh'n."

(Aus: „Meine eigenen Wege"
Heinz Rudolf Kunze)

Doch der Lohn ist groß, wenn man bedenkt, wieviel Liebeskummer einem dadurch erspart werden wird und wie viele wundervolle Stunden man dadurch gewinnt. Wer eine Beziehung hat, die gerade eben in die Brüche geht, womöglich mit Kindern, die die Leidtragenden wären, hat ja sowieso nicht wirklich etwas zu verlieren.

Das Schöne am Karezza-Programm für die Liebe ist, dass man es einfach einige Wochen ausprobieren und dann gerne wieder zum konventionellen Sex mit Orgasmus zurückkehren kann. Vielleicht sogar zurückkehren *sollte*, um die Unterschiede genau zu beobachten. Am besten schreiben beide Partner vor der Rückkehr zum Orgasmus auf, wie sie ihre Beziehung im Moment sehen! Denn die Verbesserungen stellen sich in sehr kleinen Schritten ein, eine sanft ansteigende Kurve des Wohlbefindens, und wenn es allen (den Partnern, der Beziehung, den Kindern) dann nach ein paar Wochen bessergeht, kann man gar nicht glauben, dass es am Karezza-Programm gelegen haben soll. Außerdem hat man zu dem Zeitpunkt schon längst vergessen, *wie* schlecht es einem eigentlich gegangen ist. Deshalb wäre das Beste, sie führen für eine Weile eine Art Partnerschafts-Tagebuch. Es ist eine Funktionsweise unserer Psyche, dass wir Probleme, die wir einmal hatten, leicht vergessen –

denn wenn wir darüber hinausgewachsen sind, bzw. sie verarbeitet haben, brauchen wir uns auch nicht mehr damit zu beschäftigen, sie sind ja tatsächlich verschwunden. Das gilt vor allem für psychische Schwierigkeiten, wie z.B. soziale Ängste oder auch Depressionen.

Man weiß es nicht mehr, weil man sich an Gefühle nicht *erinnern* kann. Man kann sie nicht erdenken, sondern nur fühlen, und wenn man sie nicht fühlt, dann sind sie eben nicht da. Manchmal erinnert man sich erst dann wieder an das damalige Unvermögen, wenn einem ein Außenstehender, der die schlimmen Zeiten miterlebt hat, davon erzählt. Man verleugnet also leicht einerseits die ganze Wirkung des Heilmittels („so schlecht ging es uns doch gar nicht"), sowie andererseits, dass *dieses* Heilmittel die Wirkung erzielt haben soll („durch die neue Kücheneinrichtung sitzen wir jetzt viel häufiger zusammen"). Dr. Grant McFetridge nennt dieses Phänomen in seinem Buch *Peakstates of Consciousness* „Apex"-Syndrom.

Kehren Sie also bitte möglichst nach der Durchführung des Karezza-Programms zum herkömmlichen Sex zurück, mit allem was dazugehört und beobachten Sie sich, Ihren Partner, Ihr Umfeld und Ihre Beziehung genau. Schreiben Sie täglich eine kleine Notiz in den Terminkalender (siehe Kapitel 5)! Häufen sich da wieder die Gefühlsschwankungen, Streitereien, das Gefühl nicht genug zu bekommen, die Scheidenentzündungen, Schlafstörungen, Süchte, Konzentrationsschwierigkeiten und Kopfschmerzen? Nervt Sie der Partner wieder mit Launen und Spleens? Bekommen Sie wieder *viel* zu wenig Sex? Die Auswirkungen sind beim Umstellen von Karezza auf konventionellen Sex oft viel schneller bemerkbar als umgekehrt, weil die Veränderungen dann eher in einer steil abfallenden Kurve geschehen. Und wenn Sie keine solchen Auswirkungen bemerken können, ist es doch wunderbar! Wichtig ist jedenfalls, genau zu beobachten, ganz ehrlich zu sich selbst zu sein und täglich aufzuschreiben, was passiert ist.

Wenn Sie mitten in all dem Durcheinander dann womöglich überhaupt nicht mehr glauben können, dass Sie sich mit *dieser* Person da jemals wohlgefühlt haben, dann denken Sie an das Apex-Syndrom: An Gefühle kann man sich nicht erinnern, man kann sie nur fühlen. Und geben sie dem Karezza-Programm eine zweite Chance – Sie werden erstaunt sein, dass es auch beim zweiten Mal funktioniert. Beißen Sie die Zähne zusammen, kehren Sie ganz zum Anfang des Programms zurück und machen Sie sich an einen weiteren Neustart. Schalten Sie nicht einfach von konventionellem Sex auf Karezza-Sex um, das funktioniert nicht wirklich, sondern beginnen sie wieder mit den Bindungsverhaltensweisen für Tag 1. Da es üblicherweise mindestens zwei Wochen dauert, bis das eigene neurochemische System nach dem Dopamin-Hoch in seinen Normalzustand zurückgekehrt ist, beginnt das Karezza-Programm ganz ohne Sex. Erst nach den zwei Wochen Bindungs- und Vertrauensaufbau kommt dann langsam Sex wieder mit ins Spiel. Ohne Orgasmus und nach bestimmten einfachen Regeln.[25]

---

25 Siehe Band 2 – Das Karezza-Programm für die Liebe oder „Das Gift an Amors Pfeil" von Marnia Robinson

Bindungsverhalten für Singles:

- freiwillig Fitness und Sport
- harmonische Interaktionen mit anderen
- Treffen in Selbsthilfegruppen (auch Internet)
- anderen in die Augen sehen, anlächeln
- Haustiere versorgen, pflegen, streicheln
- mit Hund aus dem Tierheim Gassi gehen
- freiwillige Großzügigkeit
- inspirierende Orte, angenehme Düfte
  (Nadelwald, Brot backen)
- beruhigende Musik
- Singen, allein und mit anderen
- warmherzige unterstützende Berührung
- therapeutische Massage
- Gespräche über das Innenleben
- Kameradschaft
- Yoga und Meditation
- Partner-Yoga (im Fitness-Club, man
  kann auch als Single hingehen)
- Tango-Stunden
- Craniosacral Therapie
- Ehrenamt für eine gute Sache

Wenn sie trotzdem ganz ohne Neustart und Karezza-Programm mit orgasmusfreier Sexualität und Bindungsverhalten experimentieren möchten, können Sie es gerne versuchen, ein besseres Ergebnis wird jedoch erst durch den 2-wöchigen Neustart nach den erprobten Regeln erzielt. Sollten Sie Single sein und keinen Partner haben, können Sie mit dem Onanieren für einige Wochen aussetzen und gleichzeitig die *Bindungsverhaltensweisen für Singles* benutzen. Das Schöne daran ist, dass sie dadurch für das andere Geschlecht anziehender werden und vielleicht nicht mehr lange Single bleiben. Auch für Singles gilt: Beobachten Sie sich genau und schreiben Sie jeden Tag eine Notiz auf, kehren Sie nach einigen Wochen Abstinenz zu Ihrem konventionellen Verhalten zurück, und finden Sie so heraus, welche Unterschiede es gibt. Internetporno-süchtige Singles brauchen für den Neustart eine Zeit von zwei bis drei Monaten.[26] Und fahren Sie zweigleisig! Auf der einen Seite der Entzug, der Ihren Dopaminhaushalt wieder normalisiert, auf der anderen Seite das Bindungsverhalten, dass Ihnen durch die dadurch ausgelöste Oxytocin-Aus-schüttung zu Wohlbefinden verhilft. Ich wünsche Ihnen von Herzen viel Freude und interessante Erkenntnisse beim Ausprobieren!

---

26 Siehe Band 3 – Die Droge des Jahrtausends

Bindungsverhalten für Paare:
- sich mit Blickkontakt anlächeln
- Hautkontakt
- einen Gefallen tun, ohne gefragt worden zu sein
- dem anderen eine Kleinigkeit mitbringen
- unaufgefordert Anerkennung geben durch Lächeln oder
  ernstgemeinte Komplimente
- sich tief in die Augen schauen
- aufmerksam zuhören und mit eigenen Worten wieder-
  holen, was man gehört hat
- eine vergangene oder gegenwärtige Verfehlung oder
  gedankenlose Bemerkung des anderen vergeben
- dem anderen etwas zu Essen bringen
- synchron atmen
- sich liebevoll küssen
- Kopf oder Oberkörper des anderen wiegen oder sanft
  schaukeln (auf einer Couch oder auf Kissen)
- aneinander gekuschelt oder umarmt liegen
- wortlose Geräusche der Zufriedenheit und des
  Vergnügens äußern oder hören
- Streicheln mit der Absicht, dem anderen gutzutun
- Massieren mit der Absicht, dem anderen gutzutun,
  besonders Füße, Schultern und Kopf
- Umarmen mit der Absicht, dem anderen gutzutun
- mit dem Ohr auf dem Brustkorb des anderen liegen und
  dessen Herzschlag zuhören
- Brüste und Brustwarzen berühren und küssen
- die Genitalien des Partners sanft mit der Handfläche
  bedecken, in der Absicht, den anderen nicht zu erregen,
  sondern ihn zu beruhigen
- Zeit beim Schlafengehen miteinander verbringen als
  Priorität setzen
- sanfter vaginaler Geschlechtsverkehr ohne Orgasmus
- jede Nacht zusammen im gleichen Bett schlafen

16. Zukunftsmusik

Erfahrungsbericht nach dem Neustart und mit dem Karezza-Programm:

„Wir hatten die letzte Nacht keinen Geschlechts-verkehr, statt dessen wollte ich mit meiner Frau darüber sprechen, wie es uns mit diesem neuen Lebensstil geht. Keinerlei Problem, was sie angeht. Sie mag es sehr. Sie vermisst den Orgasmus nicht und hat auch kein Verlangen mehr danach. Darüber wollte ich Genaueres wissen, denn sie hatte früher enorm heftige Orgasmen. Ich jedenfalls mochte es ziemlich, daran teilzuhaben und dabei zuzusehen! Ich fragte, wie sie denn so enorm orgasmisch sein könne und trotzdem jetzt keine mehr wolle. Sie sagte, sie hätte sich noch Tage danach total ausgelaugt gefühlt! Das hatte ich gar nicht gewusst. Sie sagte, das wäre ihr der Orgasmus einfach nicht wert.

Was mich betrifft, habe ich jetzt seit zwei Monaten keinen Orgasmus gehabt und nur einen in den letzten drei Monaten. Der, den ich im Juli hatte, war ziemlich ärgerlich. Er kam schnell und unerwartet. Ich bin sicher, dass das immer wieder mal passieren wird, doch es war weit davon entfernt, angenehm zu sein. Ich war ziemlich sauer, weil damit das ganze Schöne vorbei war und dazu noch die Sauerei und all das... Je länger ich das mache, desto weniger vermisse ich Orgasmen und desto weniger will ich einen haben. Ich liebe das Gefühl, nur ganz leicht erregt zu sein und wie das am Ende eines Treffens sanft nachlässt, und von einer inneren Beruhigung ersetzt wird.

Wir kuscheln und knutschen jede Nacht. (...) Wir sind beide der Meinung, dass das unserer Ehe wunderbar gut tut. "

Aktualisierung ein Jahr später:

„Ich würde sagen, dass wir uns ziemlich gut in unseren neuen Lebensstil eingefunden haben. Wir sind einander näher als wir es je zuvor waren. Wir sind liebevoller und sichtlicher verliebt! (...) Unser Bindungsverhalten, das Geschlechtsverkehr einschließt, ist sehr im Fluss, nicht zielorientiert und wunderschön! Wenn aus Versehen ein Orgasmus passiert, dann passiert er halt, aber wir sind uns der Veränderungen bewusst, die nach einem Orgasmus geschehen, also möchten wir das auf jeden Fall vermeiden. Ich hatte eine schreckliche Zeit von September bis Mitte November, aber bin über dieses Hindernis hinweg und habe seit Mitte November nicht ejakuliert. Ich habe seit dem letzten Sommer nicht onaniert. Meine Frau hatte ein paar kleine Orgasmen, aber ohne großen Stress danach. Ich schreibe das unserem permanenten Bindungsverhalten zu...

Kein Problem damit, nicht zu ejakulieren. Ich finde, wenn man nicht ejakulieren will, dann ist es schlimm, wenn es passiert! Es beendet das ruhige Zusammensein und man muss alles saubermachen. Ein richtiger Dämpfer! Ich fand, es war einfach, die Ejakulation zu vermeiden, nachdem ich das Denkschema vollständig verstanden hatte. (...) Während ich mich immer mehr da hinein entspanne, entdecke ich köstliche Gefühle, die ich nie vorher bemerkt hatte!"

(aus einem Internet-Forum über Karezza und Bindungsverhalten)

„Wenn man Karezza richtig anwendet, beruhigen sich die Geschlechtsteile, sie werden befriedigt und entmagnetisiert, genau wie beim Orgasmus, während der Rest des Körpers in einer wunderbaren Lebendigkeit und in tief bewusster Lust glüht (...) und das ganze Wesen dazu neigt, in romantischer Liebe zu erstrahlen. Richtig angewendet, hinterlässt Karezza immer ein Gefühl von Vitalität, Reinheit und Wohlbefinden; wir sind glücklich und guter Laune."

(aus: „Karezza-Liebe" von Dr. William Lloyd)

Quellenangaben

Wissenschaftliche Untersuchungen:

Gesundheitsfördernde Effekte durch Massagetherapien (siehe Kapitel 13):

1. Field, T, et al. Bulimic adolescents benefit from massage therapy. *Adolescence.* 33; 1998; 555-563.
2. Field, T., et al. Alleviating posttraumatic stress in children following Hurricane Andrew. *Journal of Applied Developmental Psychology*. 17; 1996; 37-50.
3. Field, T., et al. Chronic fatigue syndrome: Massage therapy effects on depression and somatic symptoms in chronic fatigue syndrome. *Journal of Chronic Fatigue Syndrome*. 3;1999;108-112.
4. Scafidi, F, et al. Effects of tactile/kinesthetic stimulation on the clinical course and sleep/wake behavior of preterm neonates. *Infant Behavior and Development.* 9; 1986; 91-105.
5. Scafidi, F, et al. Massage of preterm newborns to improve growth and development. *Pediatric Nursing*. 13; 1987; 285-387.
6. Hart, S, et al. Anorexia symptoms are reduced by massage therapy. *Eating Disorders*. 9; 2001; 289-299.

Internetlinks:

englischsprachiges Internet-Forum:
www.reuniting.info

deutschsprachiges Internet-Forum im Aufbau:
www.karezzaliebe.de
www.casanova-komplex.de

psychologische Informationen:
www.primal-ma.de (deutsch, englisch, französisch)

Literaturhinweise

Das Gift an Amors Pfeil
Von der Gewohnheit zum Gleichgewicht in sexuellen
Beziehungen, Marnia Robinson

*Hier finden Sie ausführliche detaillierte Informationen
zum Zusammenhang zwischen spirituellen Traditionen der
Liebe, der sexuellen Neurochemie und den Untiefen der
Internetpornographie. Außerdem das Original des
Karezza-Programms, das die Autorin unter dem Namen
„Ekstatische Austauschübungen" entwickelt und veröffent-
licht hat. Ich empfehle dieses Buch jedem, der sich
genauer informieren möchte.*

Neustart im Kopf
Wie sich unser Gehirn selbst repariert,
Norman Doidge

The drug of the new millenium
The sience of how internet pornography radically alters
the human brain and body,
Mark B. Kastleman

Karezza-Praxis
Liebe als Austausch magnetischer Kräfte,
Dr. William Lloyd

Der Casanova-Komplex
Vom Zwang lieben zu müssen
Peter Trachtenberg

Kontaktdaten der Autorin:

Integrative Primärtherapie Carmen Reiss
Heilpraktikerin für Psychotherapie
Praxis Friedrich-Ebert-Str. 49 · 68167 Mannheim
Tel. 06 21/33 61 87-7 · mobil 0176/96 44 81 20
skype: carmen.reiss (für Internetsitzungen)
info@primal-ma.de · www.primal-ma.de

Mein besonderer Dank gilt Marnia Robinson, deren Leben und Wirken dieses Buch und dieses Wissen zu verdanken ist. Sie hat jahrelange Pionierarbeit geleistet und war diejenige, die die Puzzleteile der Paarung, der Bindung und der Neurochemie zu einem Ganzen zusammensetzte. Ihr Buch „Das Gift an Amors Pfeil" ist das erste deutschsprachige Buch zu diesem Thema. Sie hat das 3-wöchige Karezza-Programm entwickelt und widmet ihre Zeit und ihr Herzblut der Verbreitung dieser Botschaft der Liebe. Auf ihrer englischsprachigen website www.reuniting.info finden sowohl Paare, die wieder zueinander kommen wollen, als auch pornographieabhängige Internetbenutzer Unterstützung und eine Fülle von Informationen zum Thema.

♥ Und mein besonderster Dank gilt meinem ganz persönlichen Prophetenteam, das mir immer mit Rat und Tat, Unterstützung und Eingebungen liebevoll zur Seite stand und steht und so wie Marnia Robinson seine Zeit und sein Herzblut der Verbreitung der Botschaft der Liebe widmet.